A dura realidade das

# Pequenas Empresas

# A dura realidade das Pequenas Empresas

**Ruth King**

Tradução:
Cecília Bonamine

editora HARBRA

| | |
|---|---|
| *Direção Geral:* | Julio E. Emöd |
| *Supervisão Editorial:* | Maria Pia Castiglia |
| *Coordenação Editorial:* | Grasiele L. Favatto Cortez |
| *Revisão de Texto:* | Maria Lúcia G. Leite Rosa |
| *Revisão de Provas:* | Estevam Vieira Lédo Jr.<br>Patricia Aguiar Gazza<br>Marina de A. C. Damas Oliveira |
| *Editoração Eletrônica:* | Darlene Fernandes Escribano |
| *Imagem da Capa:* | Michael Waine/Corbis/Latinstock |
| *Impressão e Acabamento:* | Cromosete Gráfica e Editora Ltda |

**Dados Internacionais de Catalogação na Publicação (CIP)**
**(Câmara Brasileira do Livro, SP, Brasil)**

King, Ruth
A dura realidade das pequenas empresas / Ruth King ;
tradução Cecília Bonamine. -- São Paulo : HARBRA, 2009.

Título original: The ugly truth about small business.
ISBN 978-85-294-0374-6

1. Pequenas empresas - Administração - Manuais, guias etc.
I. Título

09-06681 CDD-658.022

Índices para catálogo sistemático:
1. Pequenas Empresas : Gestão administrativa : Manuais 658.022

**A Dura Realidade das Pequenas Empresas**

Rua Joaquim Távora, 779 – Vila Mariana – 04015-001 – São Paulo – SP
*Promoção:* (0.xx.11) 5084-2482 e 5571-1122. Fax: (0.xx.11) 5575-6876
*Vendas:* (0.xx.11) 5549-2244, 5084-2403 e 5571-0276. Fax: (0.xx.11) 5571-9777

Tradução de *The Ugly Truth about Small Business*. Copyright © por Ruth King. Publicado originalmente nos Estados Unidos da América por Sourcebooks, Inc.



ISBN 978-85-294-0374-6

Impresso no Brasil *Printed in Brazil*

Dedico este livro aos milhões
de pequenos empresários que estão pensando em abrir,
já abriram ou administram pequenas empresas.
Espero que as histórias contadas nas páginas
que se seguem proporcionem aos leitores
consolo, esperança, ideias
e o reconhecimento de que não estão sozinhos.

# Sumário


*Prefácio: Você não Está Sozinho* 11

*Agradecimentos* 13

*Introdução: Aprenda com os Erros* 15

**Capítulo 1: Por que Somos Empreendedores 17**

**Capítulo 2: Minha História 20**

**PARTE 1: Será um Problema só seu? 23**

***50 Histórias sobre a Dura Realidade das Pequenas Empresas***

Comprei a Empresa Errada, *Bob Breaux* 24

Cicatrizes de Guerra, *Tim Hutchinson* 26

O Oportunista, *Ron Detjen* 29

Estava Sozinha, *Barbara A. Mather* 32

Perdíamos Dinheiro rapidamente, *Lamar Lawrence* 35

Colocamos Lenha na Fogueira, *Frank Schimicci* 38

A Contadora "de Confiança", *Anônimo* 41

O Gerente Pediu Demissão e Levou todos os Funcionários do Departamento, *Anônimo* 44

Faltavam seis Semanas para Fechar, Anônimo 47

Fui Arrastado para o Empreendedorismo, *Doug Kruse* 50

Entrei em Crise duas vezes, *Anônimo* 52

Confiamos nas Pessoas Erradas, *Anônimo* 57

Não Tinha Crédito, *Kitty Ariza* 60

Odiava a Empresa que Comprei, *Jim Annis* 62

Fui Demitida, *Sydney LeJeune* 64
As Margens Despencaram, *Eric Hansen* 67
Tive um Ataque Cardíaco, *Mark McGregor* 69
Um Grande Concorrente Tentou nos Eliminar, *Gordon Kinne* 71
Fiquei Doente e não Podia Trabalhar, *Nita Black* 73
Não Tinha Clientes, *Pauline Cormier* 76
Os Clientes não Percebiam a Necessidade de nosso Produto, *Gary Markle* 78
O Governo Caiu fora, *Victoria Kamm* 82
Meu Sócio Perdeu a Paixão, *Jeff Fisher* 85
Tivemos de Abrir Mão do Controle, *Jeff Russell* 88
Não Confiava em minha Capacidade, *Anônimo* 91
Não Sabíamos se alguém Apareceria, *Rich Schmidt* 94
Minha Fé nos Fez Chegar lá, *Siney Jordan* 97
Não Devia Ter Feito do *Hobby* um Negócio, *Beverly Van Horn* 99
Não Tinha Apoio, *Christine Kloser* 101
Um Concorrente Levou meus Funcionários, *Tom Powell* 105
Nossos Consultores nos Traíram, *Julia Barredo Willhite* 108
A Emoção Atrapalhou, *Donna Fox* 111
Abrimos na Pior Época, *Christopher Pollock* 113
Não Bastou o *Due Dilligence*, *Larry Duckworth* 115
Deixei a Cobiça Sobrepor o Bom Senso, *Anônimo* 119
Um Funcionário-Chave Saiu, *Ryan Allis* 123
Minha Intuição Dizia que Havia algo Errado, *Monica Y. Jackson* 126
Fazia tudo Sozinho, *Pat Murphy* 129
Perdi 25% do Negócio em um Dia, *Karen Price* 132
O Ramo em que Atuava era predominantemente Masculino, *Billie Redmond* 134
O Mercado Parou de Comprar, *Anônimo* 137

Queria ser Herói, *Anônimo* 140
Muito Bom para Ser Verdade, *Loretta Elbel* 143
Meu Distribuidor Foi à Falência, *Adria Manary* 145
Estresse Vindo do Inesperado, *Rochele Hirsch* 147
Não Verifiquei a Contabilidade, *Maureen Mitchell* 150
O Cliente Disse que não Ia Pagar, *Steve Saunders* 152
O Processo não Seria Barato, *Thomas Kemper* 156
Não Podia Fundar uma Empresa apenas com uma Ideia, *David Moskowitz* 159
A Expansão Traz Problemas, *Lester Scaff* 164

**PARTE 2: Existe Solução? 167**

***As Estratégias que você Pode Utilizar para Atingir o Sucesso***

**Capítulo 3: Estratégias Importantes de Sobrevivência 168**
Levante, Sacuda a Poeira e Dê a Volta por cima 168
Aprenda a Lidar com as Emoções 169
Procure Lidar Fisicamente com o Estresse 170
Acredite no que Faz 171
Seja Flexível 172
Confie em Pessoas de fora 172
Tenha uma Equipe dentro da Empresa 173
Faça uma Lista 174
Escreva um Diário 175
Siga seu Instinto 175
Tome Decisões Difíceis 176
Encontre um Modo Espiritual para Lidar com o Medo 176
Um Anjo Pode Aparecer 177
Cerque-se de Positividade 177
Seja Paciente 178

**Capítulo 4: Sócios – A Dura Realidade 179**
Como o Cônjuge se Comportará nas Crises? 180

**Capítulo 5: Os 7 Grandes Mitos sobre o Funcionamento de uma Empresa 182**
Mito 1 – O Produto É tão Bom que se Vende Sozinho 182
Mito 2 – Abra uma Empresa para Ficar Rico mais Depressa 183
Mito 3 – A Sociedade Perfeita: Eu Tenho a Ideia, e o Banco, o Dinheiro 184
Mito 4 – Vou Dar um Desconto ao Cliente e Compensar na Próxima Venda 184
Mito 5 – Se a Concorrência Pode Vender por esse Preço, eu também Posso 185
Mito 6 – Meus Funcionários São meus Amigos 186
Mito 7 – Vou Ter mais Tempo Livre e não Terei de Prestar Contas a ninguém 187

**Capítulo 6: Palavras de Sabedoria 189**

Prefácio

# Você não Está Sozinho

Meu avô sempre dizia que há três tipos de empresário.

O primeiro erra e não aprende com os erros. E continua a cometê-los.

O segundo tipo de empresário erra e aprende com os erros. E não volta a cometê-los.

O terceiro tipo aprende com os erros dos outros e, assim, evita cometê-los. Claro que também erra, mas, ao aprender com os erros alheios, economiza tempo, dor de cabeça e dinheiro. O objetivo de *A Dura Realidade das Pequenas Empresas* é ajudá-lo a ser o terceiro tipo de empresário.

Sejamos francos. Como pequenos empresários, quando nos perguntam: "Como vão os negócios?", respondemos: "Muito bem!", mesmo que o nosso maior cliente tenha falido, que o saldo da conta-corrente seja de três centavos ou que não tenhamos ideia de onde tirar dinheiro para a folha de pagamento. Raramente confiamos em alguém para lhe contar a verdade sobre nossos negócios.

Abri a minha primeira empresa em 1979, aos vinte e dois anos de idade. Na época, não fazia ideia de como poderia ser difícil e, ao mesmo tempo, gratificante ter um negócio próprio. Afinal de contas, ainda tinha o pensamento idealista de que era fácil abrir e administrar uma empresa. O idealismo transformou-se em realismo, luta e sucesso. Quando já tinha a empresa havia alguns anos, ainda não sabia se ser empreendedora era bênção ou maldição. Mas sabia que queria controlar o meu destino, e ter minha própria empresa era a melhor forma de fazer isso.

Nos últimos vinte e cinco anos, estive envolvida com sete empresas. Quatro delas foram bem-sucedidas, duas ainda são muito novas para saber se darão certo e a sétima fracassou feio.

Foi nessa época que resolvi arrumar um emprego para ganhar algum dinheiro. No começo, foi ótimo. O estresse sumiu, nada de preocupações com a folha de pagamento e ainda tinha uma fonte de renda regular. Passados seis meses, estava odiando o que fazia. Quando saí, dezoito meses depois, jurei nunca mais trabalhar para ninguém.

Eu precisava encontrar uma forma de sobreviver por conta própria. Meu marido e eu levamos vários anos para cobrir um buraco de 700.000 dólares.

Cada vez que eu montava um negócio novo, os desafios se tornavam mais difíceis. E ficavam mais complexos. O negócio mais simples que tive foi uma confecção de camisetas cujo mercado-alvo eram alunos de engenharia. Nosso objetivo era gerar lucro suficiente para ir para as montanhas todo ano e criar novos modelos de camiseta. Conseguimos.

O negócio mais complexo foi um dos mais recentes: o início da ProNetwork, Inc., televisão na Internet. Essa iniciativa me causou o pior pesadelo: a perda de um contrato de 1,6 milhão de dólares, de um investimento de 800.000 dólares e de um "sócio" no mesmo dia.

Depois dessa experiência, fiquei fascinada com os aspectos de risco do negócio do ponto de vista humano em vez de estatístico. Comecei a me perguntar por que eu continuava. Por que alguém se submete à tensão, às noites sem dormir, ao medo? O que nos fazia continuar?

Descobri que não era a única. Percebi que cada um dos 23 milhões de pequenos empresários nos Estados Unidos tem seus próprios desafios pessoais e vitórias com sua pequena empresa. Muitos não têm a quem recorrer quando as coisas não vão bem. Afinal, nós, empreendedores, costumamos ficar de bico calado. *A Dura Realidade das Pequenas Empresas* vem preencher essa lacuna.

Este livro inclui relatos de cinquenta empreendedores que graciosamente concordaram em compartilhar a história de suas empresas. Você encontrará empresas simples, limitadas e sociedades anônimas; de empresas recém-estabelecidas a corporações multimilionárias; empresas de prestação de serviços, fábricas, entre outras. Você lerá sobre alguns negócios que deram certo e outros que não.

Quando você ler estas histórias, descobrirá que cada um definiu o seu pesadelo empresarial a seu modo. Você pode não achar que a experiência dele ou dela foi tão "ruim". Entretanto, foi apavorante para essa pessoa passar por isso. Alguns se mantiveram no negócio, alguns fecharam e abriram um novo. Outros fecharam a empresa e descobriram novas maneiras de sustentar a si mesmos e à família. E outros, ainda, vivem um pesadelo neste exato momento. Eles não sabem se a luz no fim do túnel é o farol do trem ou a luz do dia.

Todos foram generosos em partilhar as suas experiências com aqueles, como você, que estão administrando seu próprio negócio ou pensando em abrir um. Alguns me pediram para mudar seus nomes e os das empresas. Respeitei esse pedido. Mas, apesar de anônimos, suas histórias são verdadeiras. A história de cada um me foi contada para que você pudesse aprender com as experiências dele ou dela, evitando estresse desnecessário.

Este é um livro de inspiração... de esperança... e o conforto de saber que você não está sozinho. Quando você ler estas histórias e ideias que outros empresários tiveram para resolver suas crises, poderá ganhar conhecimento – e com certeza ganhará – para superar os desafios que enfrenta como empresário. Você aprenderá com a experiência de outros, tornando-se o terceiro tipo de empresário.

## Agradecimentos

Um agradecimento especial a cada um dos empresários que me contou sua história. Todos esses relatos foram sinceros, verdadeiros e, às vezes, dolorosos de lembrar. Agradeço sua franqueza e sua disposição em ajudar aqueles que seguirão seus passos. Espero que os que ainda não conseguiram superar as dificuldades logo o consigam.

Este livro foi uma parceria. A Peter Lynch, Jill Amack e inúmeras outras pessoas nos bastidores da Sourcebooks, agradeço por fazer dessa parceria uma experiência bastante agradável.

Gostaria de agradecer Brenda Bethea, minha assistente há mais de catorze anos. Em todos estes anos, ela foi testemunha do crescimento, dos fracassos, das derrapagens e dos êxitos. Até a preparação deste livro, ela não fazia transcrição havia vários anos. Agradeço sua agilidade, dedicação, estilo direto e apoio neste e em outros empreendimentos.

Seria negligente se não agradecesse a meus pais por seu amor e pelo apoio em todos estes anos. Meu pai me ensinou que, quando acontecem coisas ruins, é preciso levantar, sacudir a poeira e dar a volta por cima. Eu fiz isso, papai, apesar de ser muito difícil, às vezes. E à minha mãe, que sempre esteve presente e escutava minhas queixas, me abraçando quando eu precisava. Vocês sempre apoiaram meus esforços, mesmo quando achavam que eu estava louca. Obrigada.

À minha filha Kate, agora com dezesseis anos, que viveu momentos difíceis enquanto construíamos as várias empresas. Sei que foi muito doloroso para uma criança ouvir os pais falarem de negócios o tempo inteiro e receber um "não" a programas que todos os amiguinhos faziam quando não tínhamos dinheiro. A educação da escola nunca se equipara à da vida. Espero que você use esse conhecimento com sucesso em suas iniciativas futuras como adulta.

E, finalmente, a meu marido Bob. Embora nem sempre diga ou demonstre, um milhão de obrigadas não é suficiente. Nossa jornada juntos nem sempre foi divertida, mas nunca foi um tédio. Sem você, não teria conseguido superar os problemas. Às vezes, você acreditava mais em mim do que eu mesma. Então, desta vez por escrito, muito obrigada por tudo.

# Aprenda com os Erros

Se você está pensando em abrir, administra ou fechou uma empresa, saiba que não está sozinho. Existem milhares de empresários experientes, em atividade ou que já deixaram de exercê-la, capazes de lhe oferecer visão, inspiração e orientação. Tudo o que você tem a fazer é perguntar.

Sei disso. A maioria dos empresários não se abre com ninguém. Quando confiamos nossos problemas aos outros, acabamos magoados. Em consequência, não gostamos de contar como os negócios estão indo de verdade... a não ser a poucos indivíduos que, provavelmente, nunca abriram ou administraram uma empresa. Essa pode ser a nossa maior fraqueza como empresários. Raramente falamos de nossos problemas e não pedimos ajuda. Afinal, sabemos que estamos certos e passaremos por períodos difíceis para provar isso.

As pessoas estão dispostas a partilhar. Tudo o que você tem a fazer é perguntar. Descobri isso quando pesquisava para escrever este livro. Então, onde você encontra alguém em quem possa confiar?

Às vezes, é um estranho. Você leu um artigo escrito por alguém parecido com você. Envia um *e-mail* a essa pessoa. Surpresa: recebe uma resposta dela, dispondo-se a ajudá-lo.

Você pode conversar no avião com a pessoa sentada ao seu lado. Nesses voos, você pode entrar em discussões profundas porque não há nada a temer, é improvável que você veja essa pessoa de novo. As pessoas trocam muitas ideias nos aviões. Eu sei, pois já viajei mais de três milhões de quilômetros e conversei com milhares de pessoas.

Você pode criar coragem para telefonar, escrever uma carta ou mandar um *e-mail* para uma pessoa que admire. O negócio de vocês não é concorrente e, em sua opinião, essa pessoa teve sucesso com o empreendimento dela. Ofereça-lhe um café da manhã, almoço ou jantar. Ficará surpreso com o quanto pode aprender pelo preço de uma refeição. Funciona. Como conseguir a atenção dela? A melhor forma que encontrei foi enviar uma carta. Depois, é preciso ter um bom motivo para que essa pessoa queira passar seu tempo valioso com você. Seja franco: às vezes, o motivo é apenas obter informação. Afinal, ela já passou pelo que você está passando. Finalmente, terá de ser flexível e ajustar sua agenda de acordo com o tempo disponível dessa pessoa. Vá à reunião preparado, com uma lista de perguntas (não fique surpreso se ela pedir para ler as perguntas antes). Tome notas e aprenda com a experiência dela.

*A Dura Realidade das Pequenas Empresas* lhe proporcionará ideias para superar as noites sem dormir, a falta de caixa e muitas outras dificuldades que acontecem quando se administra um negócio.

Depois que tiver um negócio, seja bem ou malsucedido, disponha-se a partilhar suas experiências com pessoas que estejam prestes a viver o sonho de ter sua própria empresa. Elas passarão noites sem dormir, tensão, medo e enfrentarão o desafio de sobreviver. Ajude-as a passar por isso.

capítulo 1

# Por que Somos Empreendedores

Em uma palavra, paixão. Temos paixão pelo que fazemos. Há muitas outras razões além da paixão, mas o fator determinante é que amamos o que fazemos. Não importa o nível educacional. O dinheiro não importa. Somos empresários porque vemos uma necessidade, gostamos de fazer alguma coisa ou queremos fazer algo e a única maneira é por meio do negócio próprio.

***Nós nos tornamos empreendedores porque temos paixão pelo que fazemos.***

O diretor-executivo da empresa de consultoria americana *Breakthrough Training* diz muito sucintamente: "Acho que uma das coisas mais importantes para mim e que sempre me moveu é a paixão pelo que faço, de forma que fracassar, não conseguir ou não ser bem-sucedido simplesmente não é uma opção".

A seguir, mais motivos por que somos empresários.

## Empreendedores não Combinam com Grandes Corporações

Não nos adaptamos ao mundo corporativo. Muitos empreendedores com os quais conversei resolveram sair das empresas em que trabalhavam pela falta de reconhecimento por suas realizações. Ao abrir seu negócio, acabaram conseguindo o reconhecimento por seus esforços. Outros começaram a carreira no mundo corporativo e o consideraram inadequado. Outros, ainda, começaram a carreira e foram considerados inadequados pelo mundo corporativo.

Sally Veillette fez a maior venda da história da empresa para a qual trabalhava: mais de quatro milhões de dólares. Criou um departamento e, depois, pediu demissão. Quando lhe perguntaram o motivo, disse: "Quando se decide explorar e aprender o que se ama fazer e com quem se ama fazer, é impossível parar. Uma energia própria assume. Você decidiu fazer isso e não quer interromper a corrente. É a causa motriz que dá energia para continuar a superar os obstáculos e continuar sonhando".

Os comentários de Kathy Bedell Mayo resumem muitas das razões pelas quais deixamos o "conforto e a segurança" de um emprego: "Já estava cansada da corrida de ratos das grandes corporações. Eu me sentia uma refém: trabalhava demais por aumentos salariais irrisórios que beiravam a linha da aceitabilidade. Resolvi fazer o que gosto e saí".

A maioria dos empreendedores não se enquadra no modelo corporativo. Implicamos com as restrições e não gostamos de seguir regras (a não ser que sejam feitas por nós). No fim, ficamos frustrados e abrimos um negócio para poder controlar nosso destino.

## Não Temos outra Opção

Algumas vezes não percebemos acontecer. A um empreendedor indeciso e surpreso foi dito que ele deveria ter seu próprio negócio porque não se ajustava ao mundo corporativo. Ele se viu forçado a essa circunstância ao ser demitido do emprego.

Pauline Cormier precisava achar um projeto porque seu marido estava em greve, o que a levou a abrir uma empresa.

Algumas pessoas descobrem o seu caminho para o empreendedorismo após comentar com o chefe que querem ter um negócio por conta própria. É o caso de Doug Kruse, que disse ao chefe que queria ter sua própria empresa. Na verdade, ele facilitou a decisão do chefe sobre quem demitir quando necessário. Doug teve seu desejo atendido.

Outro motivo para se tornar empreendedor é conseguir crédito. Foi o caso de Kitty Ariza. Ela era casada, mas todo o crédito era dado ao marido. Ela queria ter seu próprio crédito. Foram necessários vários anos e muitas empresas tiveram de correr o risco de trabalhar com Kitty, mas ela conseguiu.

Outros têm essa oportunidade por acaso. Disseram a um dos empreendedores que, se não tivesse sua própria empresa aos 35 anos, não teria oportunidade de ser bem-sucedido. Ele estava com 34 e, por acaso, teve a oportunidade de abrir o seu negócio. Com o apoio da mulher, montou uma empresa.

## Está no Sangue

Sempre soubemos que teríamos as próprias empresas e estamos dispostos a assumir os riscos. Alguns, como Christine Kloser, sabiam desde crianças que seriam seus próprios patrões e nunca tentaram se ajustar à rotina do emprego. Christine sempre soube que era diferente dos colegas do colegial que queriam entrar na faculdade e arrumar um emprego. Sabia que essa vida não era para ela.

Outros, ainda, sabiam desde crianças que teriam uma empresa. Embora tivesse aberto minha primeira "empresa de verdade" aos vinte e dois anos de idade, comecei a vender coisas na infância. Alguns entregavam jornais, outros investiam na bolsa. A maioria fez dinheiro na infância.

Muitos, mas muitos mesmo, fracassaram nas primeiras tentativas. Bob Breaux sabia que seu destino era ser empreendedor. Quando a primeira empresa fracassou, ele arrumou um emprego para se sustentar até a próxima oportunidade. Outros continuaram buscando, indo de um negócio a outro. Todos aprenderam com os erros, persistiram e acabaram construindo empresas de sucesso.

Apesar de todas as atribulações e contrariedades, todo empresário que já esteve no mundo corporativo antes de abrir ou comprar a sua empresa diz que estar no próprio negócio é melhor do que estar no mundo corporativo.

Aqueles que construíram negócios milionários lembraram como era o mundo corporativo para eles e tentaram criar um ambiente empresarial melhor.

Nós, empreendedores, abrimos negócios porque temos paixão pelo que fazemos. Às vezes, a vida nos leva a essa circunstância. Outras vezes, tomamos uma decisão consciente. Aguentamos o estresse, o medo e os tempos difíceis porque tentamos fazer uma diferença no mundo, cada qual a seu modo.

capítulo 2

# Minha História

**RUTH KING**
Presidente, *ProNetworkTV, Inc.* e *BusinessTVChannel.com*

Durante quase um ano, trabalhei com um cliente em um grande projeto de treinamento pela TV. Tudo estava indo bem e avançando. Tínhamos uma carta do cliente que era melhor do que uma carta de intenções e ele já estava nos pagando por um projeto menor. A carta era usada para garantir recursos dos investidores. Os fundos adicionais seriam investidos quando o contrato formal fosse assinado.

***Levante, sacuda a poeira e dê a volta por cima.***

Estávamos prontos para começar o trabalho de verdade quando o telefone tocou. O cliente disse: "O orçamento foi cortado e os gastos de 1,6 milhão para o projeto estão comprometidos". Nesse instante, a empresa e eu quebramos. Tinha investido 500.000 dólares na empresa no último ano e pensava que eles haviam ido pelo ralo. Além disso, meu "sócio" também não queria colocar dinheiro na empresa. Estava perplexa.

Saí do prédio e procurei um local onde pudesse ficar sozinha. Chorei até as lágrimas secarem. Ouvia a voz do meu pai: "Quando o pior acontece, levante, sacuda a poeira e dê a volta por cima". Era hora de continuar. Mas o que fazer com os empregados, a folha de pagamentos e os encargos da dívida? Será que tinha coragem suficiente para tomar as decisões difíceis, necessárias? Tinha certeza que não. Não podia. Estava desnorteada.

O dia de Ação de Graças de 2001 foi o pior da minha vida. Chorei o tempo todo. Agradecida? Agradecer pelo quê? O mundo que eu tinha tão cuidadosa e carinhosamente construído desmoronou e caiu sobre mim.

Estava frustrada. Magoada. Pensei que pudesse confiar em meu sócio, mas estava errada. E, pior, deixei de acreditar em mim mesma.

Meu marido veio em meu socorro. Apesar de estar cercada de negatividade, ele continuava a me dizer que tinha de levantar a empresa. Tinha de começar as transmissões. Não dei ouvidos a ele, de início. Ele começou a falar alto e, no fim, tivemos uma briga feia. Finalmente, eu o escutei. Ele acreditava mais em mim do que eu mesma.

Então, acima das objeções de meu sócio e de vários funcionários, usei o último crédito dos meus cartões e comecei a construir o estúdio de transmissão pela Internet mais barato do mundo. Durante os três meses de construção, discuti com os funcionários. Eles discordavam do que eu queria fazer. Demiti alguns, outros pediram demissão e ficaram muito poucos. Meu sócio foi o que mais lutou contra a construção de um estúdio pequeno. Isso deveria ter sido um sinal de alerta.

Pensando nisso mais tarde, percebi que, desde o Natal, meu sócio só pensava em arrumar um emprego e receber salário em vez de ajudar a começar e gerar receita. Ele não tinha nada a perder e, portanto, nada a arriscar. Eu assumi todos os riscos, investi todo o dinheiro, além do coração e da alma. Logo ele também sairia.

Em 13 de março de 2002, com o auxílio de meu marido, o sócio dele e alguns funcionários leais que permaneceram conosco, começamos as transmissões a partir de nosso pequeno estúdio de 4,5 × 7 metros. Tivemos treze espectadores.

Hoje são mais de três mil. Provamos que estavam errados todos os que achavam que não conseguiríamos, depois da perda do contrato. Conseguimos e continuamos até hoje com nossas transmissões.

O modelo foi tão bem-sucedido que começamos a mirar o próximo mercado-alvo: empresários, como nós. O BusinessTVChannel.com foi ao ar em 3 de janeiro de 2005.

## O que aprendi:

- Um sócio não é um sócio se você é o único a investir no negócio. Não passa de um funcionário e não tem os mesmos interesses que você, diga o que disser.

>>>

>>>

- Meu pai estava certo. Levante, sacuda a poeira e dê a volta por cima. Às vezes, basta alguém dar uma força. Procure essa pessoa.

## Aplique estas lições à sua empresa:

Se você for abrir uma empresa com um sócio, primeiro faça algumas perguntas fundamentais:

- Quanto vai aplicar na empresa?
- O que acontece se a empresa precisar de dinheiro?
- Você será o responsável pela empresa?

Isso mostrará quanto o seu sócio está comprometido. Se só você colocar seus bens pessoais no negócio, não há sociedade. Você é o chefe e o "sócio", seu funcionário.

Procure ter pessoas de fora do negócio para trocar ideias, conversar e conseguir dicas. Elas poderão ajudá-lo a passar por épocas de crise.

Em vez de contar com apenas um grande cliente, decidimos procurar alguns clientes menores. Você pode começar com um número pequeno. Tínhamos somente treze quando começamos. O maior problema é provar que seu produto é viável. Assim que conseguir o primeiro cliente, outros virão.

# parte 1

## SERÁ UM PROBLEMA SÓ SEU?

## 50 Histórias sobre a Dura Realidade das Pequenas Empresas

## Case 1

# COMPREI A EMPRESA ERRADA

**BOB BREAUX**
Presidente, *Total Computer Systems, Inc.*

Meu destino era ser empresário. Acho que, no fundo, todas as pessoas têm uma noção de criatividade. Você pode moldá-la, adaptá-la e ser criativo. Comprei uma gráfica em 1979. O proprietário tinha várias filiais de um negócio que necessitava da presença do dono. Ele tentava dirigi-las à distância. Hipotequei minha casa por trinta mil dólares a mais do que valia e comprei 80% da empresa.

***Nunca desisti, mesmo quando fracassei.***

Também não consegui administrar todas as filiais. A empresa fechou em dois anos. Deveria ter fechado em seis meses. Ah, o eterno otimista.

Quando saí, devolvi a empresa ao proprietário anterior. Ele pediu falência. Eu não tinha nada e não podia fazer nada. Foi horrível. Não tinha emprego nem dinheiro. A casa estava hipotecada por mais do que valia, o carro foi refinanciado e tinha outras dívidas. Pensei que estaria na rua em questão de semanas.

Também cometi o erro de não insistir para que meu nome fosse retirado dos registros da empresa. Saí para minha corrida matutina e, quando voltei, o oficial de Justiça estava me esperando com uma intimação nas mãos. Esse período foi extremamente intenso e assustador, mas marcou uma virada na minha vida e na de minha família. Ficamos mais unidos e passamos a valorizar o que era importante. Os amigos deram muita força. Temos imensa fé em Deus e vamos muito à igreja. A fé e os amigos nos ajudaram.

Minha mulher disse que não queria mais passar por isso. Ela não ligava de onde viesse o dinheiro, queria segurança. Disse a ela, calmamente, que teríamos de superar essa fase porque eu ia fazer isso de novo. Finalmente, ela concordou.

Talvez, no fundo, quisesse provar a mim mesmo que seria capaz de fazer isso ou que não era um fracassado. Sabia que meu destino era ter uma empresa e ser meu próprio chefe.

Não fomos colocados na rua. Acabei arrumando um emprego e trabalhando até ter dinheiro suficiente para voltar ao mercado. Dois anos depois, em 1983, deparei-me com outra possibilidade para ter minha empresa. Surgiu a oportunidade de ser sócio em uma empresa de compra de computadores. Depois de analisar o plano de negócios e as operações da empresa, percebi que meu sócio tinha posto a perder todo o investimento. Não ia cometer o mesmo erro de novo.

Por acaso, encontrei o advogado que me ajudou a sair da gráfica. Ele me perguntou o que estava fazendo. Respondi que estava pensando em entrar nesse negócio, mas que iria cair fora. Ele disse: "Bom, por que você não faz isso sozinho?". Respondi: "Você sabe muito bem que eu não tenho dinheiro". Ele respondeu: "Eu tenho. Então, mãos à obra". O problema era que o advogado queria ter o controle da empresa.

Fui ao contador e perguntei o que ele achava. Ele me surpreendeu e disse que queria ser meu sócio nesse negócio. E o sócio dele também. Abri a *Total Computer Systems, Inc.*, onde estou até hoje.

## O que aprendi:

- Embora estivesse assustado na época, continuei em frente e mantive a fé.
- O apoio emocional da família e dos amigos é importante.
- Nunca se sabe quando vai surgir um novo negócio ou uma nova ideia. Muitas vezes, é por puro acaso.

## Aplique estas lições à sua empresa:

Faça uma lista de uma centena ou mais de pessoas conhecidas que você considera bem-sucedidas. Na sua opinião, elas podem ser bem-sucedidas financeiramente, espiritualmente, na educação dos filhos ou de outras maneiras. A lista deve ter nome, número de telefone e endereços de correio eletrônico (se souber). Marque um encontro com uma das pessoas da lista toda semana. Descubra como elas tiveram êxito, quais foram as atribulações pelas quais passaram. Você verá que vai se abrir com essa pessoa sobre a sua situação atual. Você se sentirá muito melhor. Isso vai ajudá-lo a manter a fé. Além disso, durante

>>>

>>>

as reuniões, terá ideias que lhe permitirão sobreviver e abrir ou expandir sua empresa.

Essa história tem um "PS": a composição acionária da *Total Computer Systems, Inc.* mudou com o passar dos anos. Originalmente, cada um de nós detinha 33% das ações da empresa. Durante o curso das operações, meu sócio contador saiu da empresa. Investi mais dinheiro refinanciando a minha casa. Queria um desdobramento das ações na proporção de 80/20. Meu contador não só concordou como pediu para emitir dois certificados de ações, cada um valendo 10% do capital. Quando lhe entreguei os certificados, ele apôs sua assinatura no verso de cada um, cedendo-os a meus dois filhos! Comecei a chorar.

Anos mais tarde, ainda me comovo ao contar essa história. Ele continua a ser meu contador e acompanhou com orgulho o crescimento da empresa com o passar dos anos. Apesar do difícil começo, agora conto com o apoio de pessoas generosas.

## Case 2

# CICATRIZES DE GUERRA

**TIM HUTCHINSON**

Eu poderia ter sido o maior assassino em massa que os Estados Unidos já viram. Quando criança, sofri agressões físicas e verbais, e pensava que o amor acontecia apenas na televisão. Dormia em um canto do porão; à noite, meu pai descia e me batia sem que eu soubesse o motivo. Aos doze anos de idade, era uma criança fria e cruel que começava a ir armada para a escola.

Um dia, resolvi acabar com a tortura e sumir do planeta. Mas estava decidido a não ir sozinho. Queria levar outros comigo. Sentia-me agredido em casa e na escola. Por mais que desprezasse meus pais, simplesmente não podia matar minha família. Então, decidi matar o maior número de pessoas possível na escola. Por acaso, conhecia alguém que vendia armas roubadas do exército e consegui muita munição, alguns explosivos e uma metralhadora que funcionava de verdade. Felizmente, fui parado a um quarteirão e meio da escola, a menos de cinco minutos de matar mais de quatrocentas pessoas.

Finalmente, minha vida deu uma guinada total quando conheci um sobrevivente do Holocausto que me ensinou lições importantes e o valor da vida na América. Agora sou casado, tenho filhos e, sempre que posso, ajudo adolescentes perdidos e maltratados. Sabia que, se pudesse contar a minha história, poderia ajudar muito mais adolescentes, mostrando a eles como fugir da dor e da violência em que muitos se encontram. Foi o que fiz. Abri um negócio para contar minha história por meio de livros e palestras em escolas.

***Um plano de ação ajuda a nos manter focados nos objetivos.***

Não sabia o quanto isso seria difícil. Deveria ter posto um grande aviso na parede: "CUIDADO! Você adentrou águas infestadas de tubarões". Apesar da minha perspicácia, confiava em pessoas que sabia que não deveria confiar. Fiz uma pesquisa na Internet sobre informações de editoras. Pensei que pudesse confiar no que lia. Não conhecia bem o mercado editorial e fui presa fácil. Perdi dezenas de milhares de dólares com os chamados "experts". Mas sabia que tinha uma história para contar e passar adiante. Descobri que precisava de um plano de negócios, um bom consultor e um plano de jogo.

As coisas iam tão mal que tive de vender meu utilitário novo para pagar as despesas. Descobri algumas associações, fui às reuniões, li o material e fiz minha inscrição após ver os resultados. Finalmente, consegui publicar meu livro, mas depois fiquei sabendo que o segredo era a distribuição. Ao perceber que precisava chamar a atenção das maiores livrarias do país, tentei o caminho normal pelo contato telefônico e por *e-mail*. Os resultados não foram nada animadores. De fato, foram péssimos. Aí tive uma ideia: fazer uma pesquisa no Google dos registros financeiros das empresas e ver se conseguiria achar o contato de algum executivo da corporação. Então, pediria (suplicaria) a ajuda dessa pessoa. Depois de procurar durante uma hora, deparei com o endereço eletrônico de ninguém menos que o diretor financeiro de uma das maiores livrarias do país.

Sabia que mandar um *e-mail* para ele seria um tiro no escuro, mas não tinha nada a perder, só a ganhar. Escrevi um *e-mail* de um parágrafo explicando minha situação e pedindo sua ajuda.

Eu me lembro de clicar no botão "enviar" e achar que meu *e-mail* seria apagado como *spam* antes de ser lido ou interceptado por um assistente que então o apagaria. No entanto, esperei pelo melhor.

Trinta minutos depois recebi uma resposta – e do próprio diretor! Fiquei animado quando ele assegurou que faria as devidas mudanças até o final daquela semana. Meu tiro no escuro deu certo. Viva a criatividade empresarial! Um brinde aos riscos!

Finalmente, minha empresa deslanchou. Hoje em dia, ela está crescendo, estou contando minha história e ajudando muitas, muitas crianças. Na verdade, tenho enorme satisfação em saber que já impedi que dois incidentes como o de Columbine[1] acontecessem! E olhe que só comecei.

## O que aprendi:

- Há muita informação na Internet: algumas críveis, a maioria não. Não acredite em tudo o que lê *on-line*. Verifique as credenciais, peça referências e cheque-as (não vale ler testemunhos publicados no *web site*!).
- É preciso um plano com começo, meio e fim. Isso não significa que vai acontecer exatamente dessa forma, mas você também não ficará ziguezagueando. Descobri que um plano é como um documento vivo e, embora se altere de acordo com as circunstâncias, mantém o foco nos objetivos.
- Faça parte de uma grande associação. Quatro das cinco pessoas que considero muito confiáveis no mercado eu as encontrei por intermédio de uma associação. Faça perguntas — mas não siga todos os conselhos que receber.
- Acredite em si mesmo e em sua mensagem.

## Aplique estas lições à sua empresa:

- Há muitas entidades às quais recorrer para preparar um plano de negócios. Centenas de livros foram escritos sobre o assunto. Agências governamentais e serviços de apoio a pequenas empresas também fornecem modelos de planos de negócios. Caso precise de fi-

>>>

[1] **N. da T.:** Conhecido como o massacre de Columbine, aconteceu em 20 de abril de 1999 nos EUA. Eric Harris, de 18 anos, e Dylan Klebold, de 17 anos, atiraram em colegas e professores, matando 10 e ferindo 12 pessoas.

>>>

nanciamento, pergunte ao gerente de seu banco qual o modelo de plano de negócios aceitável por ele.

- O plano de negócios é o mapa da estrada: define os objetivos e descreve os passos a serem seguidos para alcançá-los.
- Faça parte de associações dedicadas a seu ramo de negócios. Esses grupos podem ajudá-lo a criar um plano prático. Descubra o que os associados fizeram para ser bem-sucedidos. Aprenda com os erros deles.

## Case 3

# O OPORTUNISTA

**RON DETJEN**
Presidente e Diretor-executivo, *ImproMed, Inc.*

Sempre fui um predador. Não tinha dinheiro quando comecei. Tive de comprar algo que não estivesse em boas condições – um negócio ou uma construção que precisasse de um aprimoramento – para arcar com seus custos. Sempre tive de fazer muitas modificações para ser bem-sucedido. Tive muita sorte e algumas boas experiências. Montei diversas empresas lucrativas e bem-sucedidas em todos esses anos, com crédito bancário. Porém, em uma tarde, o banco deu um fim nisso. Esta é a minha história.

Estudei eletrônica na Marinha. Quando fui exonerado, não tinha habilidade para nenhum serviço de eletrônica. Procurei um emprego em Wisconsin onde eu pudesse ganhar algum dinheiro. Comecei a trabalhar em edificações porque nunca tive medo de altura e o salário era bom. Esqueci que fazia frio em Wisconsin; essa vida não ia durar...

Fui para o México com um amigo, 125 dólares e meu primeiro empreendimento comercial. Não deu certo. Saí do México sem ter o que comer. Sem exagero. Estava péssimo. O dinheiro acabou e chegamos em casa com três centavos no bolso.

Descobri, por acaso, que era muito bom vendedor. Pediram-me para dar aulas de vendas, mas me cansei. Precisava ter meu próprio negócio.

Adorava carros estrangeiros. Houve uma época em que se pensava que os carros importados chegariam a 2 ou 3% da frota americana. Como estava convencido de que iriam atingir 20%, abri um posto de gasolina com uma oficina mecânica especializada em consertos de carros estrangeiros. A oficina expandiu-se, incluí uma funilaria e depois acrescentei uma revendedora de peças e, então, uma concessionária.

Ainda não totalmente satisfeito por ter apenas um posto de gasolina, uma oficina e outros negócios, comprava apartamentos dúplex em mau estado e os reformava. Depois, comecei a transformá-los em propriedades comerciais. Uma dessas propriedades tinha como inquilino um veterinário. Ele estava desenvolvendo uma rede de computadores e eu tinha certo conhecimento sobre o assunto do meu tempo na Marinha.

O veterinário estava com problemas. Ele teve oportunidade de vender o negócio e foi o que fez. Porém, não recebeu dinheiro, apenas ações de uma empresa de capital aberto que logo afundou.

Na época, eu desfrutava de boa reputação como capitalista dedicado. Ele me perguntou se seria possível salvar a empresa. Minha reposta foi positiva, é claro. Negociamos e logo estava dirigindo a empresa de *software* do veterinário, além dos imóveis, dos postos de lavagem de carros e outros negócios.

Todas as contas-correntes, empréstimos e hipotecas dos bens imóveis que possuía, incluindo a minha casa, estavam em um banco com o qual mantinha boas relações comerciais.

Naquela época, era comum se desenvolver um relacionamento com o banco local. Eles analisavam a pessoa, suas finanças e conquistas. E eu já tinha conquistado muita coisa então. Tudo ia bem e minhas contas estavam em dia, nenhuma dívida ou pagamento em atraso. Até que, um novo presidente assumiu e quase acabou com tudo.

Devia ao banco cerca de 3 milhões de dólares. A linha de crédito para a empresa de *software* do veterinário era de 500.000 dólares sem garantia. Um dia, recebi uma ligação do gerente, me informando que o presidente do banco queria falar comigo. Teria de comparecer ao banco à uma hora da tarde do dia seguinte com um de meus sócios. Achei esquisito o presidente não ter ido até minha empresa, mas não dei muita importância.

Meu sócio e eu fomos ao banco e esperamos o presidente nos receber. Às 13:45, ele chegou com um advogado que eu conhecia.

Comecei a ficar preocupado porque, em geral, são os gerentes de banco que vão me visitar, não o contrário. Não fui informado sobre a razão da reunião nem ele chegou no horário. Fomos à sala do presidente e disse: "Olá, queria falar comigo. Do que se trata?".

Estas foram suas exatas palavras: "Quero que feche todas as p... das suas contas no banco ainda hoje". Bateu o terror. Eu disse: "Como é que é?". Ele disse: "Não quero a p... de seus empréstimos aqui, não quero suas contas de pessoa física aqui. Ainda por cima, você tem um empréstimo ridículo que chega a 250.000 dólares sobre o qual pagamos juros e que é ilegal".

Disse: "Isso não está certo". Ele replicou: "Está sim, e eu não quero mais saber disso".

O presidente do banco berrava. O banco inteiro podia ouvi-lo. Eu estava em choque. Ele queria que eu fechasse todas as contas e liquidasse os empréstimos naquele dia. E, se não fizesse isso, entraria com um processo na Justiça contra cada um dos itens. Eu disse que tinha de rodar a folha de pagamentos na sexta (era uma terça). Ele respondeu que a linha de crédito não era para isso.

***O medo acaba quando se usa a lógica para resolver os problemas.***

Saí de lá tremendo, meu sócio em lágrimas. Estava furioso. Voltei ao trabalho pensando: "Puxa vida, tantos anos de trabalho, e tudo isso vai desmoronar. Basta vender alguns bens e ver se consigo manter tudo sob controle". Continuei em frente, trabalhando, mas pensando nas soluções.

No fim, voltei para casa. Foi o único momento, em todos esses anos, em que minha mulher me viu preocupado e tenso, pensando no que iria fazer. Não via saída. Meu mundo desmoronava por causa de um banqueiro irracional que não tinha a mínima ideia sobre crédito.

Assim que contive a emoção, comecei a pensar racionalmente. Uma coisa de cada vez. Liguei para o meu advogado de confiança. Sabia que o problema mais grave era a folha de pagamentos. Juntos, analisamos todos os contratos de empréstimos e fizemos um plano. Na sexta, chamei o gerente do banco. Disse que queria falar com o presidente. Ele disse que não, que isso não seria possível. Eu disse: "Bom, então ele vai ter de falar com meu advogado. O banco vai ter de honrar minha linha de crédito para pagar a folha de pagamentos de acordo com o contrato assinado comigo. Vou rodar a folha e vocês terão de compensar os cheques".

Recebi uma mensagem telefônica do presidente, dizendo que minha linha de crédito ficaria aberta até o final do mês.

Com essa preocupação a menos, tive tempo de analisar um a um todos os contratos de empréstimos. Tinha boa reputação na praça e levei menos de um mês para encontrar outros bancos que assumissem esses empréstimos. Liquidei em sessenta dias todos os empréstimos junto a esse banco.

## O que aprendi:

- Nunca mais mantive negócios com apenas um banco.
- As decisões de negócio nunca me abalaram até então. Foi a única vez em que deixei a emoção prevalecer sobre a razão. O medo começa quando as emoções se sobrepõem à lógica, e acaba quando se usa a lógica para resolver os problemas.

## Aplique estas lições à sua empresa:

- Cultive relacionamentos com vários bancos e fontes de financiamento. Faça o primeiro empréstimo em um banco, mas mantenha os recursos financeiros próprios em outro. Ou mantenha diversas contas como pessoa física e jurídica. Dessa maneira, se a coisa ficar feia em um banco, você tem histórico em outros.
- Se tiver relacionamento com um gerente e ele mudar de banco, siga-o. O banco de onde o gerente saiu vai apresentá-lo a outro gerente para manter suas contas. Conheça-o e terá dois relacionamentos bancários.

## Case 4

# ESTAVA SOZINHA

**BARBARA A. MATHER**
Sócia fundadora, *Mather Consulting Group, Inc.*

Durante mais de trinta anos, fui executiva de uma das 500 maiores empresas indicadas pela revista *Fortune*, tendo construído lá a maior parte da minha carreira. Em 1998, ofereceram-me uma "oportunidade única" de mudar da Costa Leste para a Califórnia, a fim de integrar uma nova divisão da empresa. Esse empreendimento acabou por não dar certo e a empresa decidiu fechá-lo três anos depois. Não queria procurar outro emprego executivo nem voltar ao antigo (como haviam me oferecido). Meu marido adorava seu emprego em Los Angeles e, na época, meus filhos finalmente haviam se adaptado e já tinham novos amigos. Eu não queria sair da Califórnia. Então, respirei fundo, dei um passo à frente e abri uma empresa. Meu marido me deu a maior força.

Estava abalada. Sempre tive muitos amigos e colegas de trabalho. De repente, eles sumiram. Estando acostumada com a segurança da estrutura de uma grande empresa durante toda a minha carreira, todo o meu sistema de apoio se foi também. Pequenos detalhes. Por exemplo, antes eu não precisava me preocupar com problemas com o computador ou fazer reservas de viagem. A empresa tinha um sistema completo para administrar tudo, desde a compra de clipes à manutenção de copiadoras e impressão de relatórios financeiros. Eu precisaria fazer tudo isso sozinha, totalmente sozinha, para abrir e administrar minha própria empresa! Isso era incrivelmente solitário e difícil para uma pessoa tão expansiva como eu. Meu contato diário com colegas e amigos era coisa do passado.

Eu não podia demonstrar medo. Fingi ser a valente para a família. No ambiente empresarial, sempre fui corajosa: minha família só conhecia a durona que fui durante muitos anos. Tinha de ser bem-sucedida nessa nova empreitada!

Em um ano, abri minha própria consultoria e levei esse primeiro ano para encontrar o meu primeiro cliente. Às vezes, eu não estava especialmente otimista e achava que não ia conseguir. Comecei a participar de uma série de reuniões de associações profissionais para ficar conhecida. Nos primerios eventos de que participei, fiquei assustada; nem sabia como conversar com esses pequenos empresários! Estava tão acostumada com grandes empresas, suas siglas e cultura. Tinha de superar o medo do desconhecido.

***Acreditar em si mesmo é fundamental; nunca desista.***

Surpreendentemente, comecei a adorar a interação com os empresários e conhecer as pessoas que dirigiam pequenas empresas. Era uma energia totalmente diversa. Entretanto, levei vários meses para perceber que esses empresários não eram clientes em potencial. Não dispunham de recursos e certamente não poderiam pagar uma consultoria. E, por mais que gostasse de conhecê-los, percebi que estava perdendo tempo: eles não eram meu mercado-alvo.

O medo e a dúvida se instalaram. Não queria fracassar. Será que eu poderia encontrar um cliente em algum lugar? Comecei a duvidar de minha própria capacidade. Sabia que precisava mudar de estratégia.

A teimosa se revelou em mim. Jamais admitiria ter cometido um erro. Não podia – e não iria – demonstrar medo à minha família. Eles acreditavam em mim.

Finalmente, tive um "clique" e consegui entender qual era, de fato, meu mercado. Quem podia pagar por meus serviços especializados eram as grandes empresas. Pesquisei mais. Na empresa em que trabalhava, era conhecida como uma profissional competente. Por ter atuado em diversas áreas e funções durante todos aqueles anos, descobri a necessidade de me especializar em planejamento, mudança e desenvolvimento organizacional. Continuei a contatar associações profissionais mais específicas. Finalmente, bati à porta certa. Fiquei com o primeiro cliente por um ano e, no final daquele ano, logo mudei para o próximo. O sucesso agora é algo maravilhoso, e o medo, um sentimento do passado.

## O que aprendi:

- Acreditar em si mesmo é fundamental; nunca desista.
- Se não conseguir sucesso em uma direção, mude! Nada é finito ou fixo quando se começa um novo negócio.
- Amigos e conhecidos jamais poderão ser seus clientes. Se não forem seu legítimo mercado-alvo nem puderem pagar pelos seus serviços, parta para outra e depressa.
- É muito solitário estabelecer os objetivos e estratégias da empresa própria. Por isso, confie nos conselhos de outras pessoas experientes. Contrate um profissional para dar orientações. Pergunte aos especialistas como chegaram lá. Procure aconselhamento quando surgirem desafios. Não é preciso fazer tudo completamente sozinho.
- As recompensas e os desafios são seus, mas lembre-se: não há rede de segurança como no ambiente de uma grande empresa.
- Mantenha-se atualizado em seu campo de atuação e a par das tendências, ajustando sua empresa de acordo com elas. Senão, ficará estagnado e sem clientes ou, pior, o medo pode tomar conta de você e paralisá-lo!

## Aplique estas lições à sua empresa:

- Tenha certeza de que você dispõe de recursos suficientes para sobreviver quando começar um negócio. Geralmente, leva-se mais tempo do que se espera para gerar receita. Começar um negócio sem reservas financeiras causa o dobro de estresse. É preciso fazer dinheiro para sustentar a empresa e pagar o aluguel, comer, viver.
- Negocie com clientes potenciais que necessitem de seus serviços e possam pagar por eles. Se precisarem do que o seu negócio oferece, mas não puderem pagar, ficará sem clientes ou com contas a receber.

## Case 5

# PERDÍAMOS DINHEIRO RAPIDAMENTE

**LAMAR LAWRENCE**
Sócio, *TMBG, Inc.*

Dois amigos e eu compramos uma franquia de contabilidade. Escolhemos essa franquia porque podíamos arcar com os custos iniciais e era um negócio que podíamos operar. Queria fazer algo além do meu emprego e que se transformasse em um investimento no futuro. Convidei amigos para se juntar ao time, e aceitaram.

Minha mulher incentivou sinceramente o que estava fazendo. Uma das maneiras de mostrar seu apoio foi usar seu fundo de aposentadoria para comprar minha parte na sociedade.

Meus sócios tinham muito mais flexibilidade do que eu, porque parte do acordo era que eu continuaria a trabalhar em tempo integral. Um deles investe em imóveis e é empresário. O outro é funcionário público aposentado. Ambos trabalhavam durante o dia na empresa e eu à noite.

Nossa primeira temporada de impostos foi em 2003. Por volta de abril ou maio, começamos a decidir o que faríamos quando ela acabasse. Fomos bem nessa primeira temporada; melhor do que esperávamos, porém menos do que nosso objetivo otimista. Nunca fizemos imposto de renda antes e estávamos bastante nervosos quando começamos. No entanto, a propaganda sugerida pelo franqueador funcionou e estávamos indo bem.

Tínhamos dinheiro no banco para pagar as contas até o final do ano, caso fechássemos as portas. Mas não queríamos fechar. Durante o primeiro ano, trabalhamos mais pela adrenalina e emoção do que pela lógica.

***É preciso dinheiro, tempo, energia e muito estresse para ter sucesso.***

Qual era nossa ideia? Tínhamos um contrato de aluguel de três anos e precisávamos fazer algo para pagá-lo já que não teríamos mais solicitações de cálculo e preenchimento da declaração de imposto de renda.

Assim, pensando em outra iniciativa que tivesse o mesmo sucesso, começamos uma empresa de *factoring* que, em nossa opinião, poderia complementar o negócio de contabilidade. Errado. Logo descobrimos que não era a mesma coisa. Quando percebemos, estávamos em setembro e tínhamos apenas mil dólares no banco. Ainda precisávamos descobrir um jeito de pagar as despesas de três meses até começar a época de declaração de impostos.

Bateram o medo e a incerteza. Estávamos ficando sem dinheiro e tentando descobrir como iríamos conseguir sobreviver até chegar novamente o período para declaração de imposto de renda. Na minha opinião, precisávamos investir mais. Um dos sócios que já fora empresário, Aislee Jackson, não concordou de jeito nenhum. Não ia pôr mais lenha na fogueira. Argumentou: por que não estávamos ganhando dinheiro? Por que ele investiria mais em uma empresa que estava jogando dinheiro pelo ralo, sem esperança de recuperação?

Tínhamos de achar um jeito de continuar sem investir mais. Assim que ele terminou, concordamos que não colocaríamos dinheiro a perder.

Finalmente, conseguimos mudar a situação sem investir mais. Salvamos o que pudemos da segunda empresa e a fechamos.

Foi horrível negociar com os credores. Os dois maiores eram o dono do imóvel e a companhia telefônica. Precisávamos do imóvel e do telefone.

Negociamos com o proprietário do imóvel o pagamento do aluguel atrasado durante os primeiros meses da temporada de imposto de renda. Sabíamos que iríamos ter o dinheiro. Com a companhia telefônica fizemos a mesma coisa. Foi por pouco.

No começo da segunda temporada da declaração de imposto de renda, não estávamos mais nos guiando pela emoção. Ainda tínhamos de tirar dinheiro do bolso para a publicidade. Mas esse investimento era diferente, não era jogar dinheiro pela janela. Deu certo antes e ajudaria a conseguir clientes; era um dinheiro que traria vendas. Tínhamos reputação na praça, algumas pessoas confiavam em nós e conseguimos levantar quatro mil dólares em empréstimos a boas taxas de juro. Um de nossos sócios investiu cerca de três mil dólares e depois devolvemos o dinheiro com juros. Honramos todas as promissórias.

A segunda temporada de impostos também foi bem-sucedida. Aprendemos a lição. Fechamos a empresa com dinheiro no banco suficiente para pagar nossas despesas até a próxima temporada de impostos.

## O que aprendi:

- É preciso dinheiro, tempo, energia e muito estresse para ter sucesso.
- Às vezes, no dia a dia, eu não sabia se ia conseguir. Ter sócios ajudou.
- Enfrentar o fracasso foi um bom teste da minha fé e provavelmente me tornou mais forte. Descobre-se muito sobre si mesmo. Fé em Deus também ajuda.

## Aplique estas lições à sua empresa:

- É preciso tomar decisões difíceis. Se sua empresa está perdendo dinheiro sem chance de lucro e geração de caixa, é preciso fechá-la. Perder dois centavos por dólar gerado significa que, quanto mais vender, mais vai perder. Gerar um volume maior de vendas em uma empresa que perde dinheiro só aumentará as perdas. Logo estará em uma situação em que o dinheiro sai mais rápido do que entra. A menos que tenha uma fonte ilimitada de caixa, é melhor fechar a empresa.
- Alguém de fora sempre vê o que você não consegue perceber. Contrate consultores para ajudá-lo a enxergar "a floresta por entre as árvores". Eles também podem ajudá-lo a tomar as decisões difíceis.

# Case 6

# COLOCAMOS LENHA NA FOGUEIRA

**FRANK SCHIMICCI**
Diretor-presidente, *Ioline Corporation, Woodinville, WA*

Não sou o empreendedor típico. Trabalhava em uma das 50 maiores empresas indicadas pela revista *Fortune*. Destinava e administrava gastos de 100 milhões de dólares.

Aos quarenta e dois anos, dirigia com sucesso uma subsidiária da empresa. Disse para mim mesmo: "Se você se acha tão bom, vamos ver se consegue fazer isso sozinho". Decidi comprar uma empresa.

Um amigo e ex-colega de equipe era o gerente geral da Ioline. Um belo dia, ele me ligou do nada e me convidou para jantar. Durante o jantar, me perguntou se estava interessado em comprar a Ioline. Fiquei curioso em saber por que não tinha feito isso. Ele respondeu que não tinha condições financeiras.

Eu disse que não estava interessado. Entretanto, ele me pediu que analisasse o negócio. Depois que fiz isso, aí é que não fiquei interessado mesmo. A empresa estava quase quebrada. Em um ano, perdeu 800.000 dólares e no anterior, 400.000 dólares.

Depois de muita conversa, finalmente falei com a equipe, revisei os planejamentos e perguntei como a empresa conseguiria alcançar suas projeções otimistas quando estavam praticamente falidos. Não conhecia absolutamente nada daquele ramo de negócios. De novo, rejeitei a proposta.

Finalmente, eles me pediram para fazer uma contraproposta. Fiz e aceitaram. Fechamos o negócio em 22 de março de 1992, dez dias antes do final do primeiro trimestre. A empresa fechou o trimestre com um prejuízo de 188.000 dólares. No mês seguinte, reportou uma perda adicional de 148.000 dólares. Achei que era o pior investimento que tinha feito na vida. A empresa estava indo para o buraco e levando junto meu dinheiro. Consegui alguns investidores externos, porque decidi que não queria investir tudo em uma empresa. Um pequeno grupo de sócios comanditários tinha fé em mim.

Era muito pior do que imaginava. A qualidade dos nossos produtos era fraca. Tínhamos de fabricar dois produtos para cada um vendido. Competíamos em mercados onde não deveríamos ter entrado.

Mas eu não estava estressado. Concentrei-me no trabalho que deveria ser feito e não na emoção do estresse. Do meu ponto de vista, o nome do jogo era nichos de mercado. Nunca faça concorrência com as grandes empresas que podem acabar com você. Faça produtos de alta qualidade, de fácil operação e com um excelente serviço de atendimento ao cliente.

Não estávamos fazendo isso. Queria fabricar produtos que fossem tão fáceis de usar quanto uma tostadeira. Pus uma tostadeira na recepção da empresa. Os funcionários entenderam o recado. Mas, primeiro, tinha de interromper a sangria.

Como nossa linha de crédito estava estourada, na metade de 1992, decidimos pôr mais dinheiro na empresa. Fiz um cheque. Os investidores também. Colocamos mais lenha na fogueira. Na época, era como jogar dinheiro fora.

Demos baixa de 545.000 dólares em créditos de liquidação duvidosa no balanço. Nada de salas separadas. Vieram os cubículos. Contratei uma equipe totalmente nova, muito seletiva. Tentei convencer as pessoas a não trabalhar aqui. Dizia que era uma empresa na qual não se ganhava muito dinheiro. Que era preciso pôr a mão na massa. Se quisesse se envolver em tudo e ver os méritos de seu trabalho, então esta era a empresa certa para você. Mas se estivesse à procura de *status*, interesses pessoais, politicagem, não encontraria nada disso aqui. Ou seja, os funcionários que vieram para a Ioline queriam realmente trabalhar nela. A empresa conseguiu contratar funcionários que entendiam o que tentávamos conquistar e o valor de cada centavo.

***Não peça a seus funcionários para fazer algo que você não está preparado para fazer.***

Fiz com que todos entendessem logo de início que, se quiséssemos sobreviver, tínhamos de economizar cada centavo. Fiz uma inspeção na fábrica e recolhi um saco de porcas, parafusos e cabos. Perguntei: "Quem quer vinte dólares?". Todos levantaram a mão. Mostrei-lhes o saco. Entenderam o recado.

Examinei minuciosamente todos os produtos que fabricávamos. Descontinuamos alguns deles. Refizemos o projeto de outros. Eu economizava cada centavo. Cada pedido de despesa, mesmo as menores, precisava ser aprovado. Pintei as paredes junto com os funcionários. Pensei com meus botões: "Imagine um alto executivo de uma das 50 maiores empresas, segundo a revista *Fortune*, pintando paredes!". Fizemos todo o possível para a empresa dar lucro.

Ao final do primeiro ano, conseguimos superar as perdas anteriores e ter um lucro modesto. No ano seguinte, cortamos 40% do pessoal, reprojetamos a principal linha de produtos de forma que eliminasse 50% das peças, reduzimos custos e aumentamos a qualidade. Ainda perdemos dinheiro naquele ano (1992). No terceiro ano, reduzimos 40% do espaço; lucramos 27.000 dólares. Em 1994, os lucros excederam 800.000 dólares e, em 1995, chegaram a 1.540.000 dólares. Dobramos a capacidade de produção em 1997. A empresa reportou lucro em doze dos treze anos, produzindo ininterruptamente durante cinquenta e três meses consecutivos.

Consegui isso usando práticas comerciais básicas: observar todos os funcionários, estabelecer prioridades, planejar, executar, ter bons colaboradores e capacitá-los para o trabalho, fabricar bons produtos e ter ética profissional. Em 1994, fizemos nossa primeira distribuição de lucros, o que vimos fazendo desde então, com exceção de um ano.

Somente seis dos noventa funcionários antigos estão trabalhando comigo hoje. O gerente que me pediu para comprar a empresa saiu. Dei uma guinada na Ioline. Hoje, não trabalharia mais para uma grande empresa.

Em 1996, fui indicado como Empreendedor do Ano. Nos últimos treze anos, os investidores tiveram um retorno anualizado de 33%: nada mal para uma empresa que estava prestes a falir. Apesar do terror inicial, este se tornou o melhor investimento da minha vida.

## O que aprendi:

- Espere o pior. Quando me deram as previsões, analisei-as, fiz cortes substanciais e, assim mesmo, não conseguimos.
- Cumpra o planejamento e não se desvie dele. Fique com o básico. Foi pior do que pensava.
- Não se desespere. Analise o problema. Veja a lógica da situação e faça o que for preciso.
- Sempre pense em melhorar e aperfeiçoar a empresa e, também, cortar custos.
- Quando as coisas vão bem, tente não pensar nisso. Se pensar, vai começar a fazer coisas imbecis, como aumentar gastos com desenvolvimento ou fazer algo que não sabe.
- Seja direto, comunicativo e ético com todos.
- Interaja com seus funcionários.

>>>

>>>

- Não peça a seus funcionários para fazer algo que você não está preparado para fazer.
- Faça questão de entender o setor em que atua e o cliente que está atendendo.

## Aplique estas lições à sua empresa:

- Quando o caixa está apertado, é preciso economizar cada centavo que entra. É responsabilidade sua checar cada fatura e assinar todos os cheques.
- Pesquise o mercado em que pode competir. É possível tentar competir contra o líder de mercado; porém, custa tempo e dinheiro. É muito mais barato achar um nicho de mercado que o líder não quer e ser o líder desse nicho.
- Comunique-se com seus funcionários regularmente. Eles sabem intuitivamente se os negócios vão bem ou não. Se for honesto e ético, eles sempre lhe darão ideias para aperfeiçoar e resolver problemas.

## Case 7

# A CONTADORA "DE CONFIANÇA"

**ANÔNIMO**

Há cerca de seis anos, contratamos uma auxiliar de contabilidade. Ela estava na casa dos cinquenta anos, não tinha filhos e o marido era engenheiro do departamento de transportes. Não precisava de seguro-saúde e não trabalhava por necessidade, mas sim porque queria. Disse que gostava de contabilidade, de mexer com números. Era a funcionária ideal! Jane (não é seu nome verdadeiro) tornou-se a mãe de todos, fazendo com que todos se cuidassem. Ela sempre trazia bolos e tortas que ganhava na igreja. Era parte da família. Como tinha sérios problemas físicos, sempre a levávamos ao médico. Depois de uns três anos, ela assumiu a contabilidade da empresa. Os livros não eram muito organizados, mas, como cuidava deles como se fossem dela, tudo bem. A contabilidade era uma coisa a menos para nos preocupar.

Em junho de 2002, descobrimos que, durante os últimos dois anos e meio desde que Jane assumira o controle total da contabilidade, ela vinha falsificando cheques que totalizavam 180.000 dólares. Isso nunca nos passou pela cabeça. Ficamos chocados. Ela era a última pessoa na face da Terra de quem suspeitaríamos. Era uma velhinha com bengala, literalmente.

Além disso, descobrimos que estávamos com as contas atrasadas (que ela deixou de pagar para obter mais dinheiro). Quando os distribuidores ligavam para saber sobre um pagamento, pediam para falar com contas a pagar. E quem era responsável por esse departamento? Jane! Ela inventava uma desculpa qualquer para dizer a eles. De novo, não sabíamos de nada, muito menos que os pagamentos estavam atrasados.

Você deve estar pensando: "Isso nunca aconteceria comigo!". Claro que pode acontecer.

Pensávamos que éramos cuidadosos. Antes de assinar qualquer cheque, eu analisava os documentos pertinentes. Antes de receber as contas, nosso gerente de serviços analisava a cotação. Antes de pagar qualquer fatura, nós dois sofríamos.

***Nunca confie totalmente no contador.***

Nosso contador externo fazia visitas periódicas, mas seu trabalho consistia principalmente em verificar se os débitos correspondiam aos créditos, o pagamento de impostos etc. Jane fabricava faturas de mentira para cobrir o dinheiro que roubava. Se ela levava 5.000 dólares, 2.000 eram baixados como peças e 3.000 como equipamento. O contador supõe que as informações dadas sejam corretas, a menos que se queira pagar por uma auditoria completa, o que achávamos desnecessário. O banco também não pediu auditoria. O contador não iria questionar se a fatura de uma loja era realmente verdadeira ou não. Já que quase todos os cheques eram emitidos para os distribuidores ou revendedores, nada parecia fora do normal.

As finanças não pareciam muito bem, mas tínhamos desculpas: no ano anterior, havíamos contratado diversos funcionários na expectativa de crescimento. O verão foi péssimo. Estávamos com excesso de funcionários, mas mantivemos todos. Além disso, a economia estava em baixa. Daí, aconteceu o 11 de setembro. Com tudo o que líamos na imprensa, dávamos por satisfeitos ainda estarmos funcionando. Além disso, nessa época, trocamos o programa de contabilidade. Quando algo parecia suspeito, Jane culpava o programa, dizendo que o programa de serviços não se comunicava com o de contabilidade. Ela adulterava tudo. Agora, em retrospectiva, percebemos que era uma cortina de fumaça.

Assinaturas múltiplas em um cheque não significam nada. Não usamos assinaturas múltiplas, mas, se usássemos, ela teria falsificado todas! Com milhões de cheques sendo compensados diariamente, é impossível verificar todas as assinaturas.

Felizmente, ela nunca assinou pela empresa. Se assim fosse, não poderíamos fazer nada. A lei não diz como gastar o dinheiro. Um assistente de contabilidade jamais pode ter o privilégio de assinar cheques pela empresa.

Hoje, quando chega o envelope com os cheques devolvidos, abro e vejo para quem foram emitidos e a assinatura. De fato, toda a papelada relativa a bancos chega primeiro à minha mesa. Em envelope lacrado. Pagamos todas as contas pela Internet. Raramente emitimos cheques.

Já faz treze meses agora. A ação civil já terminou e ela foi condenada a nos devolver o que roubou. Acho que nunca veremos um centavo. No lado criminal, a ação passou do investigador para o promotor. Tenho minhas dúvidas de que ela venha a ser julgada. Ou seja, para nós foi uma grande e cara experiência de aprendizado. E ainda temos despesas com todos os honorários advocatícios. Até hoje, ela nunca foi presa. Se tivesse roubado um videocassete de uma loja, já estaria na cadeia.

Deve haver muitas empresas com o mesmo problema que tivemos, e acho que podemos ajudar com nossa experiência.

## O que aprendi:

- Jamais dê poderes de assinatura a auxiliares de contabilidade.
- Não aceite desculpas quando o balanço não sair na data esperada. É para isso que servem os assistentes de contabilidade. Analise o demonstrativo financeiro assim que chegar. Se algo parecer errado, provavelmente está errado. Vá até o fundo.
- Os extratos do banco devem ser abertos pelo proprietário.

## Aplique estas lições à sua empresa:

- O bom fraudador procura se tornar o assistente de confiança. Nunca confie totalmente no contador.
- Descobrir que está sendo roubado é um choque. Faça imediatamente uma auditoria para saber qual a real situação.
- Leve o ladrão a juízo. Se apenas mandá-lo embora, é provável que faça o mesmo em outra empresa.
- Se descobrir que os revendedores não estão recebendo, peça desculpas, liquide as faturas ou faça um plano de pagamento, caso seja necessário.

## Case 8

# O GERENTE PEDIU DEMISSÃO E LEVOU TODOS OS FUNCIONÁRIOS DO DEPARTAMENTO

**ANÔNIMO**

Meu pai abriu uma pequena empresa de serviços de encanamento que chegou a faturar cerca de 500.000 dólares. Depois da faculdade e de um período de experiência como bancário, resolvi juntar-me a ele com o propósito de fazer a empresa crescer. O faturamento chegou a mais de 15 milhões de dólares. Com o passar dos anos, aprendi muitas lições valiosas trabalhando com pessoas. A história que vou contar foi provavelmente a que custou mais caro.

Para fazer a empresa crescer, criei mais uma divisão de instalação de aquecedores e ar-condicionado. Fazia sentido porque, já que instalávamos encanamento em casas novas, não custava nada instalar aquecimento e ar-condicionado também. Como os engenheiros em geral gostam de usar os serviços de uma mesma companhia para todas as instalações (encanamento, aquecimento e ar-condicionado), nossa empresa começou a crescer rapidamente.

Não era fácil encontrar profissionais dispostos a trabalhar duro e fazer um serviço de qualidade. Isso era particularmente difícil no nosso departamento de serviços, onde fazíamos a manutenção e o conserto do equipamento instalado e a substituição de equipamentos antigos. Os técnicos trabalhavam em diversas casas e eu não podia fiscalizá-los. Tinha de aprender a confiar que, com treinamento e acompanhamento, eles fariam o trabalho direito.

Um dos primeiros técnicos que contratei foi John (nome trocado). Ele cuidava bem dos clientes e aprendia rápido. Eu estava satisfeito com seu serviço e observava o seu progresso nos primeiros anos. John tornou-se um excelente técnico.

Nossa reputação se espalhou e o departamento de serviços ganhou mais oito técnicos. Era hora de contratar um gerente de serviços, já que eu tinha pouco tempo para cuidar desse departamento. Ainda tinha de fiscalizar o setor de construção e dirigir a empresa. Quem era o candidato ideal se não John?

Ele agarrou a oportunidade com unhas e dentes. No começo, tudo correu às mil maravilhas. Os técnicos o adoravam e o departamento passou a ter dez técnicos. Em um ano, porém, os problemas começaram. Ele não sabia assumir o papel gerencial. Disciplina? Pode esquecer. Ele era amigo dos técnicos. Diversas reuniões e conversas com John de nada adiantaram. Ele não sabia administrar.

Percebi que John era um técnico com título de gerente. Entretanto, concluí que ter alguém no setor de serviços era melhor do que administrar tudo sozinho, já que me faltava tempo.

Um dia, John me informou que estava saindo. Fiquei aliviado. Entretanto, o alívio se transformou em raiva e choque quando oito dos dez técnicos saíram junto com ele. Sobraram dois dos técnicos mais inexperientes. Em um piscar de olhos, o setor com dez técnicos virou um setor com dois.

***Quem trabalha deve saber que seu salário é pago pelos clientes e não pelo gerente.***

Era verão, época em que era impossível achar mão de obra especializada. Todos, incluindo os maus profissionais, estavam trabalhando. Só podíamos "apagar incêndios". Os dois técnicos que ficaram conosco trabalhavam dia e noite tentando fazer o serviço de dez pessoas. Primeiro, cuidavam das emergências; depois, quando dava tempo, da manutenção. E, para coroar, não tinham experiência suficiente para diagnosticar problemas e consertar o equipamento. Tinham de aprender rápido! Tomei a decisão de continuar o treinamento, embora estivéssemos cheios de trabalho. Foi a melhor maneira que encontrei para ajudar os dois técnicos a ter a informação necessária para atender os clientes.

Ao final da alta temporada, os dois técnicos estavam exaustos. Trabalharam dia e noite, sete dias por semana, atendendo nossos clientes. Como resultado da crise, eles se tornaram profissionais excelentes.

De algum modo, conseguimos passar pelo verão sem perder muitos clientes. Fomos honestos e dissemos quando iríamos atendê-los. Alguns preferiram procurar outras empresas. Entretanto, a maioria dos clientes gostou de nossa sinceridade e esperou que um técnico estivesse disponível, mesmo sofrendo muito com o calor em casa.

No outono, comecei a procurar mais técnicos. Ainda tínhamos muito trabalho a fazer e a maioria dos concorrentes estava diminuindo o ritmo. Espalhou-se no mercado que tínhamos trabalho. Embora muitos se candidatassem às vagas, não contratamos muita gente. Checamos as referências e escolhemos apenas aqueles que atenderiam bem nossos clientes.

O foco na qualidade e no atendimento ao cliente continuou durante a reorganização e continua até hoje. Levamos quatro anos para reestruturar o departamento à dimensão original, antes de John sair levando consigo oito técnicos.

## O que aprendi:

- Um bom funcionário nem sempre será um bom gerente. A capacidade administrativa é diferente da capacidade técnica.
- Esperei muito tempo para demitir John. Não tinha um substituto, por isso aguentei uma situação ruim.
- Durante as crises, se for honesto com os clientes e cumprir com sua palavra, a maioria se manterá fiel.

## Aplique estas lições à sua empresa:

- Encontrar bons gerentes é difícil. A maioria dos funcionários, hoje em dia, deseja ser gerente, mas não sabe o que isso significa. Se não conseguem fazer o serviço, você corre o risco de perder um

>>>

>>>

bom funcionário e acabar com um departamento. Deixe o funcionário no cargo de gerência em período de experiência (ou seja, de duas semanas a um mês). Muitos vão descobrir o que é realmente estar em um cargo de gerência e talvez prefiram não ter essa dor de cabeça.

- Mesmo que tenha um gerente, é preciso estar em contato com os funcionários. Eles devem saber a sua opinião. É preciso que seus funcionários saibam que estão trabalhando para uma grande empresa. Devem entender que quem paga seu salário são os clientes e não o gerente. Dessa maneira, mesmo que o gerente saia, eles irão optar por permanecer na empresa, pois é um ótimo local de trabalho.

## Case 9

# FALTAVAM SEIS SEMANAS PARA FECHAR

**ANÔNIMO**

É interessante descobrir como funcionam as coisas. O senso de oportunidade definitivamente foi o segredo. Abrimos a empresa no começo de 2001, uma das piores épocas para as empresas de tecnologia. Eram apenas dois técnicos e eu. Lembro-me de ter almoçado com eles e dito: "Pessoal, a gente não podia ter escolhido época pior para abrir a empresa. Se ela conseguir sobreviver nos próximos anos, temos boa chance de sucesso a longo prazo".

Já se passaram três anos. Ainda não estamos bem, mas já começamos a ver uma luz no fim do túnel, o que é bastante encorajador.

Temos trinta funcionários, levantamos capital da ordem de milhões de dólares e provavelmente vamos conseguir uma quantia significativa nos próximos doze meses. Entretanto, durante todo esse processo, em determinada fase, estávamos a poucos passos de fechar as portas.

Os dois sócios fundadores abriram uma empresa em casa. Não conseguiam encontrar a tecnologia de que precisavam e decidiram desenvolver um programa próprio. Assim, largaram o emprego e começaram a desenvolver o que seria a gênese de nossa série de produtos. Durante um ano e meio, fizeram consultorias para terem o que comer. Terminaram a primeira versão do produto e se perguntaram: e agora?

Foi aí que eu entrei. Procuravam alguém para levantar fundos e eu estava procurando uma oportunidade de negócios. Geramos uma receita de 500.000 dólares e atingimos o ponto de equilíbrio no primeiro ano da empresa. O problema aconteceu no final do ano: não tínhamos mais nenhuma consultoria nem conseguimos vender o produto. Faltavam seis semanas para fechar as portas.

Com o passar do tempo, fomos apresentados a um senhor que acabara de vender uma empresa de alta tecnologia, ganhara muito dinheiro e felizmente entendia um pouco o que estávamos passando. Sabia qual era a situação da empresa e poderia ter pedido o que quisesse, mas não se aproveitou de nós.

Ele disse: "Com o que investi, vamos esperar um ano para ver qual é nosso lugar no mercado, quem é a concorrência, que barreiras devemos transpor e fazer um plano de negócios. Vamos ver se conseguimos levantar mais capital de risco".

Foi exatamente o que fizemos. No final de 2002, conseguimos nosso primeiro capital de risco. O objetivo era ver se nos manteríamos no mercado e descobrir se podíamos vender nosso produto.

***Sacrificamos o controle de nosso sonho para vê-lo realizado.***

Mas a realidade foi dura. No mundo do capital de risco, eu era um zé-ninguém. Quando se é pequeno, sem reputação no mercado, com tecnologia desconhecida e alguns poucos clientes, os investidores procuram alguém na empresa em quem apostar. Que experiência eles tinham na formação de uma empresa de alta tecnologia? Ganharam dinheiro anteriormente? Foi uma experiência séria.

Deixei de ser o chefe da empresa. Aquele primeiro investidor que conseguiu recursos para a empresa tornou-se diretor executivo. Ele já fora bem-sucedido em empreendimentos anteriores e também conhecido nos círculos financeiros. Parte do contrato de capital de risco exigia que ele fosse o diretor. Os capitalistas contavam com isso para manter o contrato.

Quando os investidores de risco chegaram, tínhamos sete funcionários. Agora, temos trinta. Provavelmente, nossa receita atingirá muitos milhões de dólares nesse ano, sendo cerca de 70% em vendas de licença e o restante em serviços profissionais. Nossa meta de receita é atingida todo trimestre e estamos satisfeitos com nosso progresso.

Chegaríamos aqui sem o capital de risco? Não. Sacrificamos o controle da empresa e engolimos o orgulho. Sacrificamos o controle de nosso sonho para vê-lo realizado. Essa é a realidade no mundo da alta tecnologia.

## O que aprendi:

- Nunca recuse dinheiro. Uma vez oferecido, você encontrará um jeito de fazer acontecer. Muitos sacrifícios são feitos. É uma pílula amarga para engolir.
- Muitos empreendedores são ingênuos.
- O mundo não é branco e preto. É de matizes de cinza. Vai-se ajustando à medida que se cresce e amadurece. Assim que perceber isso, você aprenderá a ajustar o pensamento e as expectativas.
- É preciso ter expectativas realistas. Os investidores o obrigarão a isso, o que pode ser difícil. Você ainda se mantém otimista, mas a realidade do controle da empresa, seja em relação ao futuro ou a sua direção, se ficará rico um dia etc., tudo isso é reajustado com muita rapidez.

## Aplique estas lições à sua empresa:

- É preciso ter clientes. Uma boa ideia é apenas uma boa ideia. Poucos investidores apostam em ideia e, quando o fazem, querem ver se ela é lucrativa. Procure clientes que comprem seu produto com lucro e terá maior chance de conseguir financiamento. Além disso, clientes trazem fluxo de caixa para operar a empresa.
- Para conquistar suas metas, às vezes é preciso mudar o pensamento e as atividades. Se o "Plano A" não funcionar, tente o "Plano B". É muito raro que o primeiro plano leve-o aonde quer chegar.

## Case 10

# FUI ARRASTADO PARA O EMPREENDEDORISMO

**DOUG KRUSE**
Diretor-presidente, *Big on Leadership*

Abri esta empresa há nove meses. Ainda estou entusiasmado. Entretanto, as últimas nove semanas foram de instabilidade emocional, entre a euforia quando fecho um negócio e o terror passageiro quando um "negócio fechado" é cancelado.

Vou contar como consegui abrir o meu próprio negócio.

Sou especialista em treinamento de executivos e facilitação de equipes gerenciais problemáticas que querem "trabalhar e jogar limpo com os outros". Tive doze anos de resultados comprovados como gerente, treinador e facilitador. Queria ter minha própria empresa de treinamento e consultoria. Contei a meu chefe, Ray, o meu sonho. Por ter aberto a boca, facilitei sua decisão quando caiu o número de matrículas em seu centro educativo. Quando chegou a hora de cortar o orçamento, ele me chamou e disse algo assim: "Este é o seu pacote de saída. Agora, você pode ir atrás do seu sonho".

Embora tivesse ideia de que haveria um corte de pessoal, no dia em que isso aconteceu fiquei abalado. Ele queria que limpasse minha mesa imediatamente. Eu disse: "De jeito nenhum! Não quero atrapalhar o dia de trabalho dos meus amigos". Também não queria que vissem a mim, 1,95 m de altura, 122 kg, cabeça raspada, cavanhaque e tudo, com lágrimas nos olhos. Eles não estavam sendo despedidos. Eu, sim. Por que faria um drama com minha despedida chorosa? Fui para casa e disse ao meu chefe que passaria outra hora para levar minhas coisas.

Na segunda-feira seguinte, encontrei Ray na hora do almoço, limpei a mesa enquanto todos estavam almoçando e não tive de ver ninguém. Mais tarde, até mandei um cartão de agradecimento para Ray por lidar com a situação de maneira cuidadosa e profissional. Ele me mandou um contrato para revisar, caso precisassem de mim para um treinamento.

Finalmente, tive um estalo a caminho de casa, o porta-malas cheio de caixas e lembranças. Tinha de fazer alguma coisa. Fui até o banco e contei a história à gerente da minha conta. Socorro! Ela refinanciou minha casa, liquidou alguns empréstimos de curto prazo e cortou alguns dos pagamentos mensais para diminuir problemas de fluxo de caixa. Ainda tinha uma hipoteca. Porém, ela me conhecia e sabia da minha capacidade para administrar equipes gerenciais problemáticas. Ela fixou uma linha de crédito. Isso diminuiu ainda mais a pressão.

Ainda tinha de gerar receita. Felizmente, encontrei o primeiro cliente, Ron, com facilidade. Oito semanas atrás, jamais faria uma proposta. Conhecia Ron e disse a ele que trabalhava com equipes problemáticas. Ele me pediu para apresentar uma proposta para um *workshop* de formação de equipes a seus gerentes de vendas.

"O que é uma proposta?", pensei. Fiz o que achava que fosse uma.

Estava muito orgulhoso de mim mesmo por cobrar 100 dólares a hora pelo serviço. Claro que Ron aceitou o preço, porque a experiência de ter alguém treinando seu pessoal era tão nova e inusitada para ele quanto para mim. Foi muito fácil.

Depois mostrei a proposta para Joe, meu grande amigo, mentor e professor de liderança, cujo sítio seria usado para a reunião da equipe de vendas. Ele me perguntou por que fiz aquele preço por hora. Não sabia. Parecia um bom número e um montão de dinheiro. Ele me olhou bem nos olhos e disse: "Você vai ficar fora do mercado em seis meses se desperdiçar sua experiência a esse preço". Ele me deu uma cópia de uma de suas propostas e a lista de preços. Seu preço por hora era mais do que o dobro do meu!

O que devia fazer? Ron já havia aceitado minha proposta.

***Cultive relações com banqueiros, contadores e advogados antes de abrir a empresa.***

Felizmente, Ron é uma pessoa bastante ética, um amigo de confiança e pode contar comigo para fazer seu dinheiro render. No carro, no caminho de volta para casa, contei francamente o que meu amigo comentou. Sem pestanejar, Ron disse: "Posso pagar isso". Assim, consegui me safar e aprender uma lição.

Quando trabalhava na antiga empresa, podia contar com o salário mensal, tendo produzido ou não. Hoje, preciso produzir para ganhar. Tudo depende de mim.

## O que aprendi:

- Mande uma proposta por dia. Esse objetivo permite que tenha boas chances de conseguir trabalho.

>>>

>>>

- Filie-se às associações das quais seus clientes fazem parte. Ofereça--se para participar do comitê. Procure novos membros. Seu nome sempre surgirá nas discussões.
- Cultive relações com banqueiros, contadores e advogados antes de abrir a empresa. Vai ter a quem recorrer um dia.
- Aceite a ajuda alheia.
- É bom simplificar a vida para manter a empresa sustentável. Aprendi a me concentrar nos objetivos.

## Aplique estas lições à sua empresa:

- Um plano de negócios com os objetivos da empresa é essencial. Entretanto, é preciso dividir esses objetivos em atividades que você possa fazer diariamente para atingi-los. Confira se eles realmente estão sendo atingidos.
- O gerente do banco, o contador, o advogado e outros profissionais podem ajudá-lo. Pense em criar um comitê de consultoria com esses profissionais. Faça reuniões pelo menos trimestrais para revisar as metas, realizações e áreas que precisam ser trabalhadas.
- Participar de associações é bom para obter dicas de negócios. Oferecer-se como voluntário em papéis de liderança promove você e sua empresa.

## Case 11

# ENTREI EM CRISE DUAS VEZES

**ANÔNIMO**

Fui gerente geral de um restaurante durante dois anos, e trabalhei para os primeiros donos por sete anos. Sempre achei que o restaurante precisava de alguém que realmente gostasse desse tipo de empreendimento. Embora tivesse me formado em Química, apaixonei-me pelo negócio e queria comprá-lo. Abordei os donos. Eles pensaram e disseram que aceitavam a proposta. Daí, começaram quatro meses de medo, quatro meses de altos e baixos, quatro meses em que acreditava por um minuto que o restaurante seria meu, e, no minuto seguinte, que isso nunca aconteceria.

Os donos me disseram que, se alguém descobrisse que eles estavam negociando a venda do restaurante comigo, eles poriam um fim às negociações. Tinham dois outros restaurantes e estavam preocupados com sua reputação. Na cidade, meu noivo era o único que sabia da proposta.

Fui conversar com um homem de fora da cidade para me ajudar com isso, porque nunca havia comprado uma empresa antes e não tinha a mínima ideia de como fazer ou negociar. O vaivém foi piorando dia a dia. Cada vez os donos vinham com um preço diferente. Em um dia, queriam uma entrada. Depois, mais tarde, diziam que havia outro interessado na compra do restaurante, mas queriam que eu ficasse com ele. Começaram a forçar a barra. Fiquei sabendo, depois, que ninguém fez nenhuma oferta pelo restaurante. Diziam isso só para que eu lhes pagasse o que queriam.

A situação real era que o restaurante não dava lucro. Contudo, o lugar era agradável e eu sabia que poderia torná-lo lucrativo. Havia uma boa base de clientes que só precisava ser trabalhada.

Eles não negociaram de boa-fé. O preço que concordei pagar incluía todos os equipamentos, mesas, cadeiras, decoração, comida e vinhos. Tive de falar com o proprietário do imóvel para que ele continuasse a alugá-lo para mim. No fim, descobri que tudo o que existia no imóvel pertencia ao proprietário. Como os ex-proprietários do restaurante tinham falido, o dono do imóvel manteve no contrato tudo o que havia lá. Ou seja, o que eu pensava que tinha comprado não me pertencia.

Ainda era a gerente geral do restaurante. Esse foi meu maior erro. Continuei a dirigi-lo e a negociar ao mesmo tempo. Era frustrante demais. Tinha de fingir que estava tudo bem, quando na verdade estava tensa, cansada e esgotada.

Assim que soube que o restaurante seria meu, tive de conseguir todas as licenças e alvarás necessários. Ou seja, um zilhão de documentos exigidos, e as repartições eram uma longe da outra. Não existe uma lista que alguém forneça que diga: "Aqui está o que você precisa para comprar um restaurante". Assim, tinha de ir ao centro para tirar um alvará, mas não conseguia porque precisava de outro documento antes. Por exemplo, não conseguia algumas das licenças porque o restaurante já existia. Uma delas, a de venda de bebidas alcoólicas, era essencial ao restaurante porque servíamos vinho. Mas não conseguia obtê-la, porque os antigos donos receberam uma multa e não queriam pagar. Tive de ir até a capital do estado, a três horas de carro, para resolver pessoalmente esse problema.

É difícil contar tudo o que fazia; tomava o dia inteiro, literalmente. Acordava às sete da manhã, rodava de carro para lá e para cá durante todo o dia, e voltava para trabalhar à noite. Tinha de fingir que tudo estava normal. Era difícil tentar esconder dos funcionários as reuniões, os documentos e tudo o que estava fazendo.

Eu tinha trabalhado com os proprietários e a equipe durante sete anos; portanto, confiava bastante neles. Foi outro erro. Em parte, acredito que eles queriam que as coisas ficassem daquele jeito para poder controlar a situação.

Uma semana antes de tomar posse do restaurante, queria ir até *Napa Valley*[2]. Não queria ser dona de um restaurante que se orgulhava de servir vinhos daquela região sem jamais ter ido até lá.

Enquanto estava lá conhecendo as várias vinícolas, recebi uma ligação da minha gerente. Um dos *chefs* discutira com o dono e tinha ido embora. Além disso, tinha recebido uma carta do departamento federal de licenciamento de bebidas alcoólicas e ela queria saber se poderia abri-la. Disse que sim. Novamente, minha licença fora recusada; isso foi dois dias antes da data prevista para tomar posse do restaurante. Éramos conhecidos por nossa carta de vinhos e não podíamos vendê-los.

***Aprendi tudo trabalhando no negócio, o que me ajudou a torná-lo lucrativo.***

Nessa hora, desmontei. Meu noivo nunca me vira assim. Nunca me vira chorar em oito anos; portanto, ficou aterrorizado. Quase desmaiei. Na verdade, ele tem uma imagem mental de mim gritando com ele, dizendo que não podia ir jantar. Não tinha tempo para jantar. Não tinha nem mesmo uma licença de venda de bebidas e o cozinheiro de quem tanto dependia tinha ido embora. Eu queria mudar para a Austrália e esquecer esse negócio todo.

Chorei tanto que desmaiei ou dormi em uma rede. Quando acordei, meu noivo disse que tinha mudado a hora do jantar e cancelado todos os compromissos do dia seguinte.

Mais tarde, a gerente ligou de volta para dizer que o cozinheiro voltaria na segunda-feira de manhã. Tinha uma diferença com o antigo

[2] **N. da T.:** Região vinícola da Califórnia, nos Estados Unidos.

dono, não comigo nem com o restaurante. Além disso, a gerente me disse que o dono iria pagar a multa para conseguir a licença para vender bebida alcoólica.

Quando voltei da viagem e fui ao restaurante, mal havia comida na despensa. A gula dominou o proprietário anterior: levava embora um pouco a cada dia e quando voltei não havia sobrado nada. Não podia acreditar que alguém de quem gostava e a quem tinha ajudado a montar outros negócios pudesse me roubar.

Depois lá fui eu ao departamento de licença para venda de bebidas alcoólicas, para ter certeza de que conseguiria a licença. A mulher disse: "Não temos seu nome registrado em lugar nenhum". Respondi: "Como assim? E essa pasta enorme? Fiz isso, isso e isso".

Havia outra lista que ninguém tinha me dado. Tive de ir a outros oito lugares e conseguir mais assinaturas. Fui obrigada a conseguir dez assinaturas em um raio de cinco quilômetros do restaurante, dizendo que não tinha problema vender cerveja no estabelecimento.

Quase desmaiei. Acho que a mulher viu a expressão no meu rosto. Todo o sangue sumiu e meus olhos incharam de lágrimas, porque já estava ficando louca. De repente, um homem disse: "Você não é a [nome retirado]?".

Virei e respondi que sim. Ele disse que tinha ouvido falar que eu comprara o restaurante. Já tínhamos colocado um anúncio no jornal informando a venda.

A mulher do departamento então disse: "Adoro o seu restaurante. Vocês trabalham super bem". Mesmo assim, ainda tive de completar a lista. Mas o incidente impediu que desmaiasse na frente do pessoal do comitê.

Saí de lá para conseguir o alvará para o restaurante. Meu carro quase foi guinchado porque estacionei em local proibido. Nessa hora, pensei: "Não aguento mais". Chorava. Estava fragilizada demais. Não sabia como daria o próximo passo. Já havia passado por quatro meses de negociação e fiz tudo o que era necessário. Sentia-me como se não tivesse forças nem para respirar.

Estava no carro, nervosa. O trânsito estava horrível. Xingava todo mundo. Gritava feito louca.

De repente, tive um estalo. Parei imediatamente de gritar. Era um pensamento tão profundo que me calei.

O que pensei foi: "Que bom que tenho esses problemas. Estou prestes a ter meu próprio restaurante". Percebi, naquele momento, que tudo estava bem. Superaria todas essas dificuldades. Sou uma pessoa capaz e orgulhosa de mim mesma. Tenho orgulho desses problemas porque, se não os tivesse, não teria meu próprio negócio.

Lutei muito para chegar aonde cheguei e descobrir meu potencial. Valeu a pena, porque consegui comprar o restaurante. Todo o medo, preocupação e incerteza que senti nos últimos quatro meses me prepararam para me tornar proprietária.

Ainda não tive um grande obstáculo nessa jornada. Nada se compara ao inferno pelo qual passei nos últimos quatro meses. A cozinha pode até pegar fogo agora que eu me manterei calma e racional, capaz de lidar com isso sem dificuldades.

## O que aprendi:

- Percebi que foi sorte ter os problemas que tive. É assim que lido com eles agora. Quando fico nervosa com alguma coisa ou alguém não faz o que deveria, paro e penso: "Como proprietária, essas são as questões com as quais tenho de lidar". Agora, quando quero tomar uma decisão ou mudar algo, vou em frente. Se não der certo, faço outra coisa.
- Deveria ter me demitido da posição de gerente geral enquanto negociava a compra do restaurante.
- Aprendi tudo trabalhando no negócio, o que me ajudou a torná-lo lucrativo, pois aprendi a analisar os números de trás para a frente.
- Adoro comida e vinho. Sou tão apaixonada que tenho tudo isso agora. Tenho paixão por meus clientes. Aprendi muito, treinando funcionários e com todas as coisas por que passei. A experiência que tive ao comprar o restaurante me fez perceber que agora sou capaz de lidar com o que aparecer.

## Aplique estas lições à sua empresa:

- Ganhar experiência trabalhando no tipo de negócio que se quer ter é essencial para o sucesso. Você se depara com todos os tipos de problema que normalmente acontecem naquele ramo.
- Se não tiver conhecimento, contrate um gerente bem-sucedido e experiente no ramo. Ele pode impedir que seus erros custem dinheiro.

>>>

>>>

- Perceba que a habilidade para tratar de problemas permite lidar com o que acontecer. Quanto maior for sua prática, menos emoção e mais razão e confiança terá ao lidar com as situações críticas que surgirão.

## Case 12

# CONFIAMOS NAS PESSOAS ERRADAS

**ANÔNIMO**

Sou da terceira geração de empresários da família. Meu avô tinha uma rede de sete distribuidoras de chuveiros no final dos anos 60. Como meu pai não conseguia arrumar emprego em lugar nenhum, começou a trabalhar para o meu avô. Enquanto trabalhava para ele, descobriu um nicho de mercado e começou a desenvolver alguns produtos. Porém, contratou a pessoa errada para ajudá-lo a desenvolver esses produtos. Essa pessoa copiou todos os arquivos, até mesmo dados de revendedores e contatos, e abriu uma empresa concorrente. Ele se tornou bastante competitivo, mas, no fim, meu pai conseguiu tirá-lo do mercado. Meu pai cometeria o mesmo erro de novo, o que lhe custou caro.

Meu pai continuou a fazer a empresa crescer e comprou as distribuidoras do meu avô. Infelizmente, meu avô vendeu o nome da empresa e, em consequência, a marca. Rápido, ele aprendeu que é preciso registrar a marca no próprio nome. Senão, uma vez vendida a marca, vende-se o ativo também. Para continuar a crescer, meu pai começou a desenvolver um nicho especial de duchas.

Quando a empresa começou, meu pai contratou um rapaz de dezesseis anos que acabou se tornando o diretor financeiro. Ele confiava no rapaz e o considerava um sócio. Deu-lhe 20% de participação no nicho de produtos especiais. Por confiar nele como diretor financeiro, meu pai não o questionou quando começou a manipular o dinheiro e sugar o caixa da lucrativa linha de produtos já estabelecida e na qual não tinha participação. Ele queria que a sua própria linha de produtos parecesse melhor. Durante essa manipulação, meu pai também contratou um técnico em desenvolvimento de produtos e deu-lhe 10% de participação na nova linha. Os dois se uniram contra meu pai.

Nessa época, eu já havia terminado a faculdade e trabalhava em tempo integral na nossa empresa. Era um momento em que tínhamos de tomar uma decisão a respeito do crescimento da empresa. Existiam vários concorrentes similares no mercado e muitos deles maiores que nós. O técnico e o diretor financeiro achavam que o crescimento deveria ser muito maior, especialmente na nova linha de produtos.

***As operações familiares são um desafio quando seus membros não conseguem separar os assuntos domésticos dos da empresa.***

Na verdade, nosso modelo empresarial não comportava maior crescimento, porque os custos fixos eram muito altos. Em consequência, a empresa começou a ter um sério aperto de caixa, porque estávamos desenvolvendo muitos produtos de uma vez. Eu disse ao responsável pelo desenvolvimento de produtos que eles não eram ruins; apenas tínhamos desenvolvido muitos mercados de uma só vez sem logística.

Todo o crescimento foi feito sob a hipótese de que em algum momento iríamos progredir e o crescimento injetaria capital na operação. Não conseguíamos capital de investimento porque existiam duas operações concorrentes, as do meu pai e a que o diretor financeiro e o responsável pelo desenvolvimento de produtos tinham participação. Internamente ninguém queria fundir as duas empresas. Havia muito conflito de interesses. Como resultado, os revendedores não eram pagos enquanto estávamos expandindo.

A discussão sobre a expansão continuou nas reuniões de diretoria. Em uma delas, lembro-me claramente das palavras do diretor financeiro: "Sim, tenho dinheiro para continuar a desenvolver novos produtos e também financiamento". Meu pai não tinha razão para não confiar nele.

A realidade era que o diretor não tinha dinheiro nem financiamento. Ele mentia e só adiava. Meu pai o demitiu em 1985. Era como se um membro da família o tivesse traído. Afinal de contas, havia sido contratado como ajudante de almoxarifado aos dezesseis anos. Ele aumentou suas responsabilidades e ajudou a empresa a crescer.

Era como passar por um processo ruim, amargo, mesquinho e caro de divórcio. O diretor queria destruir meu pai. Eu tinha participação acionária, mas não tinha responsabilidade decisória; mesmo assim, ele também me processou. Em razão das batalhas jurídicas e da disputa acionária, não conseguíamos mais financiamento. O processo durou nove anos, e uma empresa de 150 milhões de dólares foi à falência. Meu pai pediu falência pessoal. A empresa não existe mais.

## O que aprendi:

- Faria tudo de novo. Por mais horrível e brutal que tenha sido passar por isso, o aprendizado foi incrivelmente benéfico. Agora, sou consultor de indústrias importantes, até mesmo de empresas familiares. Lido com outras empresas que são pequenas e que querem crescer. Embora tenha apenas vinte e oito anos, meu ponto de vista é de uma pessoa que aparenta ter cinquenta, por causa de tudo o que passei. Isso me ajudou de fato no trabalho com meus clientes. Mostrou o lado humano das pessoas e refinou a forma como lido com pessoas e projetos. Com certeza, cometeria os mesmos erros que estou ajudando a evitar caso não tivesse passado por isso.
- O relacionamento com meu pai melhorou agora que não tenho de vê-lo todos os dias e a tensão diminuiu. Ele voltou a trabalhar como consultor no setor.

## Aplique estas lições à sua empresa:

- Confiar nas pessoas certas é difícil. Mesmo quando uma pessoa cresceu com a empresa, ela pode ter chegado a um ponto em que não é mais eficiente. Chegar a essa decisão pode ser um choque. Entretanto, para a empresa sobreviver ao longo do tempo, não hesite em substituir essa pessoa. Encontre o profissional certo que possa fazer o serviço com qualidade.
- É preciso ficar de olho no caixa, nas vendas e nos lucros da empresa, mesmo que haja alguém responsável pela administração no dia a dia.
- As operações familiares são um desafio quando seus membros não conseguem separar os assuntos domésticos dos da empresa. Se você estiver nessa armadilha, procure auxílio de consultores especializados em empresas familiares.

# Case 13

## NÃO TINHA CRÉDITO

**KITTY ARIZA**

Eu vendia vestidos de noiva em consignação em minha casa e os negócios começaram a crescer. Por que não abrir uma loja? Foi o que fiz em 1995. Tinha mil dólares, um sonho e uma amiga que seria minha sócia. Ela decorava festas de casamento e cuidaria dessa parte do negócio.

Encontramos um imóvel em uma área industrial cujo aluguel não era muito alto. Eu não tinha crédito na praça, embora precisasse desesperadamente. Como não conseguia comprar novos vestidos, pensei em continuar com a venda consignada que deu tão certo em casa.

Minha amiga disse: "Nós duas temos condições de abrir a loja. Você fica com os vestidos de noiva e eu com a decoração". Abrimos a loja e durante o primeiro mês de atividades ela disse: "Não tenho mais condições", e saiu.

Meu marido disse que, se quisesse continuar, teria de me virar sozinha, porque ele não ia investir um tostão na loja. Fiquei aterrorizada, mas superei. Para piorar minha frustração, ele tinha um supercrédito na praça, e eu, zero. Precisava de crédito próprio, ou melhor, implorava. Montei e mantive a loja durante quatro meses e meio, paguei todas as contas e consegui.

***Quem persevera sempre alcança.***

Lidava com o medo a cada novo dia. Todo mês tinha medo de não conseguir. Não sei bem como, mas alguém entrava com um pedido enorme e me salvava.

Como era uma loja de produtos consignados fora da área comercial, as vendas eram feitas com hora marcada. Em geral, uma pessoa ligava e dizia: "Vou chegar aí em quinze minutos". Se não estivesse na loja, tinha de correr para chegar, e às vezes a pessoa não aparecia. Era tão frustrante! Fui me arrastando por seis meses. Aprendi logo que ter uma loja não era o mesmo que trabalhar em casa. Só com o boca a boca, nada de anúncios e uma loja em ponto comercial, os negócios andavam devagar.

Dei sorte. Seis meses mais tarde, uma jornalista me ligou. Estava interessada em mim, na loja e nas histórias por trás de alguns vestidos.

O artigo foi publicado na edição de domingo do jornal local. Tive de tirar o telefone do gancho.

Aquilo me salvou. Não abria para o público. Ficava nos fundos de um galpão industrial. Mas estava na lista telefônica e as pessoas ligavam perguntando como chegar lá. Finalmente, passei a atender os clientes regularmente.

Agora tinha de me esforçar para conseguir crédito na praça, para poder comprar mais vestidos. As empresas me perguntavam que outras confecções me forneciam crédito. Nenhuma. E nenhuma delas queria ser a primeira.

Depois de muita procura e de muitos nãos, descobri, em uma feira de noivas, uma confecção que acabara de abrir. Como eu! Pedi e consegui crédito. Finalmente! Essa foi minha estreia no mundo da avaliação de crédito. Assim que consegui o primeiro e paguei as contas, foi fácil. Encontrei uma segunda, uma terceira e, finalmente, as confecções me abriram as portas para a compra de estoque. Tinha alcançado meu objetivo.

Logo depois de atingir minha meta, uma grande cadeia de lojas de vestidos de noiva instalou-se na minha cidade. Era uma loja de varejo, mas fazia muita publicidade e dominava os negócios. Eu não queria concorrer com ela, por isso tomei a decisão de fechar minha loja depois de quatro anos e meio de funcionamento.

## O que aprendi:

- Quem persevera sempre alcança. Não se abale com as negativas.
- É muito importante ter crédito na praça. Foi fundamental aos empreendimentos posteriores à loja de vestidos de noiva.

## Aplique estas lições à sua empresa:

- Estabelecer e manter crédito é essencial para o crescimento da empresa. No início, talvez seja melhor trabalhar com revendedores, o que sai um pouco mais caro, mas terá crédito. Isso pode ser essencial para ter mais crédito no futuro.
- Novos concorrentes na sua área geográfica podem ser uma ameaça à sobrevivência da empresa. Se o concorrente for uma empresa bem estabelecida e de abrangência nacional, procure achar uma maneira

>>>

>>>

de concorrer. Talvez encontrar um nicho de mercado que o concorrente não queira ou então oferecer serviços que ele não ofereça. Também é possível vender ao concorrente ou fechar o negócio. Entretanto, é preciso fazer algo. Se não conseguir sobreviver à concorrência, tente fechar a empresa com lucro.

## Case 14

# ODIAVA A EMPRESA QUE COMPREI

**JIM ANNIS**
Diretor-presidente, *Applied Staffing, Inc.*

Comprei uma empresa e montei outra. Acabei odiando a que comprei e, por isso, abri uma nova depois de vendê-la. Mas antes de ter a empresa que adoro, a *Applied Staffing*, tive de arcar com o desprazer de ter uma que odiava.

Fui diretor de operações e presidente de uma grande fabricante e distribuidora industrial durante treze anos. Meu salário em todo esse tempo estava na casa dos seis dígitos. Mas precisava fazer algo diferente.

Um dia, cheguei em casa e contei à minha mulher que tinha pedido demissão. Ela surtou por um momento. Saiu e foi comprar um pacote de biscoitos de chocolate recheados e, quando voltou, devorou-o inteiro. Depois do surto, me apoiou.

Precisávamos comprar uma empresa. Fiz uma pesquisa de mercado e acabei comprando uma empresa de máquinas automáticas, as chamadas *vending machines*. Sempre fui bom em vendas.

Comprei um negócio de vendas com faturamento de 200.000 dólares. No emprego anterior, o telefone tocava sempre com boas notícias: pedidos, projetos etc. Nesse negócio, o telefone nunca tocava, e quando isso acontecia, era sempre algo ruim. A moeda emperrou na máquina. Alguém não recebeu pelo que pagou. O dinheiro foi roubado. Tudo era muito negativo. Apesar disso, consegui fazer a empresa crescer e alcançar um faturamento de 2 milhões de dólares em três anos.

Quando comecei nesse negócio, não tinha dinheiro e, portanto, dependia do crédito das revendedoras de máquinas automáticas. Elas cobravam os olhos da cara por esse privilégio.

O que mais suga o caixa de uma empresa desse ramo é a compra do equipamento. Uma máquina custa por volta de 40.000 dólares e é preciso comprá-la porque há um contrato com determinado cliente que quer a máquina em algum local. Daí, o cliente muda de ideia e cancela o contrato. E você fica com um investimento de 40.000 dólares sobre o qual esperava receber aluguel durante cinco anos para pagar pelo equipamento e ter um retorno financeiro... e ele fica lá, parado no depósito. Eu simplesmente odiava isso.

***Comprar uma empresa significa comprar a dor de cabeça alheia.***

Também tinha um problema com o lucro líquido porque não percebi duas coisas. A primeira, o alto valor dos juros pagos pelo equipamento; e a segunda: quando se lida com muito dinheiro miúdo, há muitas taxas bancárias. Pagávamos pelo menos mil dólares por mês com essas tarifas. Como não conhecia direito o negócio, não tinha como saber disso. Não estava em minhas projeções.

Quando um funcionário ligava e dizia que estava doente, eu fazia todo o trabalho no lugar dele. Era como um teste de incêndio. Seis semanas de empresa e já sabia que odiava esse ramo de negócios. Contudo, tentei fazê-la funcionar. Fui a um seminário e aprendi que se deve transformar um telefonema negativo em oportunidade. Convencer o cliente a escolhê-lo para ser seu revendedor. Essa estratégia deu certo durante uns dois anos.

Depois que a empresa começou a crescer, não ganhei mais dinheiro porque tinha de continuar comprando equipamento. Além disso, o custo de manutenção subiu com o aumento do número de máquinas. Não conseguia mais lucro nesse negócio. Tive de deixar algumas máquinas paradas.

Continuei durante mais três anos. Fiz um exame de consciência para descobrir o que realmente queria fazer. Logo depois, apareceu uma pessoa querendo comprar a empresa. Praticamente dei. Não ganhei na transação, mas também não perdi.

Descobri que comprar uma empresa significa comprar a dor de cabeça alheia. Sem dúvida, aprendi muito sobre como dirigir uma empresa. Essa experiência me ajudou a fundar a *Applied Staffing*: uma companhia bastante lucrativa e de sucesso. É o tipo de negócio que adoro.

## O que aprendi:

- Às vezes, coisas ruins podem ensinar o que não fazer no futuro.
- Transforme o negativo em positivo. Se não conseguir mudar as coisas completamente, é hora de procurar outra atividade.

## Aplique estas lições à sua empresa:

- Abrir ou comprar uma empresa por impulso e sem pesquisar é bastante perigoso. Trabalhe no negócio antes para ver se gosta. Senão, nem pense em entrar nele.
- Mesmo que não goste do negócio, faça de tudo para torná-lo lucrativo a fim de poder vendê-lo. Fixe um prazo para a venda e determine que tipo de negócio tem valor no ramo em que atua. Depois, tente criar o maior valor possível para sua empresa. Assim, é provável que consiga um preço melhor de venda.

# Case 15

## FUI DEMITIDA

**SYDNEY LEJEUNE**
Proprietária, *Office Helper*

No final da década de 1980, trabalhava em uma empresa como contadora. Era uma das poucas pessoas na minha comunidade que, além de contabilidade, tinha conhecimento de computação. Trabalhei com os programadores para eliminar falhas no sistema de contabilidade.

Passadas duas semanas após ter comunicado ao dono da empresa que todas as falhas do sistema tinham sido eliminadas, ele me "dispensou" porque achava que não precisava de um contador em tempo integral. Para rematar, me despediu quando faltavam algumas semanas para eu completar um ano de empresa; portanto, não tive direito ao seguro-desemprego. Ao me demitir, ele me tratou como criminosa: mandou uma pessoa me vigiar enquanto recolhia minhas coisas.

Foi horrível. Jamais havia sido tratada assim. Estava espumando de raiva quando cheguei em casa. O patrão tinha me ferrado e eu estava furiosa. Em casa, disse para o meu marido: "Sabe de uma coisa? Nunca mais vou trabalhar para ninguém".

Meu marido vinha me pressionando para abrir uma empresa. Disse-me que era isso o que faríamos agora. Mas não podíamos dispensar um salário. Fui trabalhar como temporária durante o dia e à noite na minha empresa. Para conseguir meu primeiro cliente, fizemos alguns folhetos. Meu marido bateu, literalmente, de porta em porta em um complexo industrial. Encontrou um empresário interessado. Voltou lá mais duas vezes e, no final, o homem concordou em me conhecer em um sábado. A empresa dele tinha sido aberta fazia apenas seis meses.

***Sucesso é a melhor vingança.***

No final dos anos 1980, não era comum trabalhar em casa. Ele me perguntou se nossa casa era própria ou alugada. Na época, era alugada. Ele disse que ficava desconfortável com isso porque, em sua opinião, nada impedia que empacotássemos tudo e desaparecêssemos. Olhei bem firme para ele e disse: "Vou lhe fazer uma pergunta: qual a diferença entre alugar um escritório e uma casa? Pelo que sei, muitos empresários não são donos do seu espaço comercial. Além do mais, é muito mais provável eu abandonar um escritório alugado do que pegar minha família e minhas coisas e mudar".

Ele disse: "Sabe, nunca tinha pensado assim". Ele me contratou e ainda é meu cliente, há quinze anos. Meu marido nunca mais bateu de porta em porta, pois achava que o único cliente que conseguiu bastava.

Na verdade, estava certo, embora as coisas não tenham acontecido tão rápido quanto ele esperava. Meu primeiro cliente me indicou a outro, e depois a outro...

Inesperadamente, fiquei grávida. Por causa de complicações com gestações anteriores, estava com medo de assumir mais clientes e aumentar os negócios. Mas não podíamos viver sem o meu salário. Precisava continuar trabalhando como temporária, o que não queria.

Quando meu bebê tinha duas semanas de vida, uma amiga que trabalhava com assistência médica descobriu um asilo que precisava de ajuda na contabilidade. Ela me recomendou. Fui lá, conversei com eles e consegui o trabalho. Era um contrato tão bom que nem precisei voltar a trabalhar como temporária.

Daí em diante, a empresa cresceu exponencialmente. Ainda trabalho em casa, organizando arquivos de assistência médica. Agora, sou eu que sustento a casa, já que meu marido está incapacitado e não pode mais trabalhar.

Minha teimosia me ajudou a ter sucesso. Acredito que muita gente teria desistido. Mas estava determinada, pois, já que tinha escolhido esse caminho, era isso que ia fazer. Sucesso é a melhor vingança.

## O que aprendi:

- A lei de Murphy existe. Planeje o inesperado porque com certeza ele vai acontecer. Se não se abalar e continuar adiante, você contornará os problemas. Você vai conseguir, mas não pense que será fácil.
- Quando comecei, sabia contabilidade, mas nada sobre dirigir uma empresa. Li tudo o que me caiu nas mãos e estudei bem. A maioria das coisas que aprendi no primeiro ano mostrou-se verdadeira todo o tempo.

## Aplique estas lições à sua empresa:

- Estude sempre. Para tanto, faça parte de associações. Suas habilidades podem se tornar um negócio, mas não ensinam a dirigir uma empresa. Quando se faz parte de uma associação da atividade em que se atua, é possível encontrar ajuda para administrar a empresa. Você verá empresas que estão indo bem e aprenderá com elas. Junte-se a seus pares, donos de negócios do mesmo tamanho e com metas semelhantes, em áreas geográficas distantes. Como não há concorrência, é possível compartilhar o bom, o mau e o feio do seu negócio. Todos divulgam seu balanço e um ajuda o outro.
- Outra maneira de ficar atualizado é reservar um tempinho todos os dias para ler sobre assuntos empresariais ou assistir a programas desse tipo na Internet.

Case 16

# AS MARGENS DESPENCARAM

**ERIC HANSEN**

Tinha uma empresa de manutenção de gramado e procurava expandir meu negócio com outra empresa de tratamento de gramado. A diferença? A manutenção envolve cortar a grama, enquanto o tratamento inclui a adubação. Queria expandir o negócio no final dos anos 1990 porque as margens de manutenção estavam caindo e as de adubação eram excelentes. Enquanto estas ficavam entre 5 e 15%, aquelas alcançavam 50, 60%.

Encontrei uma empresa de adubação de gramados. O proprietário estava cansado. Começou o negócio do zero e agora tinha 125 contratos. A marca era excelente e o logotipo também. Fiz uma oferta pela empresa e ele aceitou.

Pensei comigo mesmo: "Se conseguir fazer essa empresa dar lucro, pode ser que consiga vender a de manutenção. Permanecerei com a de tratamento porque as margens são mais altas". Coloquei meu plano de ação em prática. Comecei a fazer *marketing* e anúncios para aumentar as receitas. Comprei caminhões, equipamentos e computadores e contratei mais funcionários. Imaginei que, em dois anos, chegaria a dois mil contratos. Errado.

**_Mude sempre._**

A empresa alcançou entre quatrocentas e quinhentas contas no primeiro trimestre. Estava no rumo certo. Mas, aí, a economia foi para o buraco. Faltavam empregos e as pessoas gastavam dinheiro apenas com o absolutamente necessário. Porém, a manutenção ainda era necessária. As pessoas não queriam cortar o seu gramado. E adubar? Bem, isso podia esperar.

Esse episódio me abalou. As grandes empresas abaixaram o preço pela metade. Ainda assim, conseguimos ficar com cerca de seiscentas contas, mas as margens, que eram excelentes, foram se corroendo e a situação se inverteu.

A empresa tinha lucro, mas era o que esperava? Era um ramo em que eu queria aumentar a base de clientes de seiscentos para dois mil ou mais? A resposta era não.

O fato é que eu não gostava muito desse ramo de negócio. Não tinha paixão por ele. Não pensava: "Não importam os lucros, tenho prazer em cuidar de gramados".

Como não havia vontade de expandir o negócio, nada acontecia. Eram muitos gastos com *marketing* e nada de retorno.

Tive de tomar uma decisão rápida. Seria capaz de mudar a situação? Não. As grandes empresas poderiam me engolir. Mesmo que eu usasse produtos químicos melhores; em minha opinião, os clientes não viam diferença alguma, pois o que importava era o preço.

Não havia saída: deixei que os gigantes comprassem minha empresa. Não queria nem podia competir com eles.

E em que os grandões estavam interessados? Nos contratos. Nas minhas contas. Assim, fui a campo conseguir mais contratos. O preço não importava. Conseguimos mais uns cem clientes e vendemos o negócio para um concorrente.

## O que aprendi:

- Reaja às situações à medida que acontecem. Mude sempre. O medo diminui ao observar, reagir e mudar.
- Fique de olho na concorrência. Reaja ao que estão fazendo.
- Ter lucro no primeiro ou segundo ano é uma dádiva.

## Aplique estas lições à sua empresa:

- Monitorar o plano de negócios permite que você veja as oportunidades e ameaças antes que elas se transformem em crises importantes. É preciso reagir às ameaças a seu negócio. Preste muita atenção a seus clientes. Por que pararam de comprar os seus serviços ou produtos? É possível fornecer a eles algo diferenciado? Se a resposta for afirmativa, então você achou outra fonte de receita. Se não, é preciso procurar novos clientes ou outra maneira de sobreviver.
- Preste bastante atenção à concorrência. Que tipo de preço estão anunciando? Você consegue equiparar? Caso contrário, é preciso achar uma maneira de agregar valor ao cliente para ter lucro.

>>>

>>>

- Se não conseguir aumentar e manter a base de clientes ou "arrasar a concorrência", é melhor vender a empresa.

Case 17

# TIVE UM ATAQUE CARDÍACO

**MARK MCGREGOR**

Estava esgotado. Tinha problemas familiares e no meu emprego, uma empresa de construção. Uma noite, em um jogo de hóquei, tive um ataque cardíaco grave. Foi totalmente inesperado. Tinha apenas trinta e cinco anos de idade. A única coisa errada comigo era "um pouco" de estresse. Nem eu nem minha família tínhamos histórico de doenças cardíacas. Foi uma fatalidade.

O ataque cardíaco me obrigou a me afastar das atividades durante um ano. Foi sério mesmo.

***Faça algo que tenha impacto, pelo qual seja apaixonado.***

Antes de isso acontecer, me interessava pelo mercado financeiro e fazia cursos por correspondência. Resolvi estudar sozinho porque conheci alguns consultores financeiros e não simpatizei com nenhum deles. Achei que deveria fazê-lo por conta própria e comecei a ter aulas. Durante o período de repouso, pessoas me procuravam para pedir informações sobre fundos de pensão e aposentadoria. Como estava fazendo de graça, resolvi que poderia usar isso também a meu favor. Tirei a licença e abri uma empresa. Pensei que, sendo empresário, o estresse diminuiria.

Infelizmente, às vezes o estresse de ter um negócio próprio é tão maléfico quanto o ataque cardíaco. Percebi que o maior desafio era o aspecto financeiro. De onde viria o dinheiro? Quando se tem um emprego fixo, o salário é pago regularmente. Se ficar doente, como eu, há o auxílio-doença. Porém, quando se é autônomo, se não trabalhar, não come. Essa foi a parte mais estressante na mudança. Meu maior desafio foi o medo do desconhecido.

Então, por que continuar? Faço isso porque vejo coisas. Posso causar impacto na vida das pessoas. Nunca terminei o curso para obtenção do certificado em finanças. Decidi ajudar as pessoas de outra maneira. Queria ajudá-las a reduzir o estresse para escaparem de um ataque cardíaco aos trinta e cinco ou cinquenta anos.

Minha empresa de palestras motivacionais e treinamento me faz lembrar de meu emprego anterior. Ajudava a construir os maiores estádios de esportes do mundo. Enquanto operava o guindaste, havia muito estresse. Assim que a construção era concluída, podia ir embora e ela ficaria para as pessoas aproveitarem.

Quando falo ou escrevo, é a mesma coisa. As pessoas me abordam dizendo que ficaram comovidas com o que disse. Sinto que estou ajudando com um tipo diferente de construção, e vejo os resultados logo depois do evento.

## O que aprendi:

- O estresse descontrolado pode matar. Tive sorte. Ganhei uma segunda chance, que estou usando para fazer o que gosto, apesar dos problemas financeiros ocasionais. Gosto da carga horária que me permite passar certo tempo com minha filha, sem estresse.
- Faça algo que tenha impacto, pelo qual seja apaixonado. Construa algo.

## Aplique estas lições à sua empresa:

- Se não gosta do que faz, descubra uma forma de transformar o que não gosta em algo prazeroso. Se não conseguir, é hora de planejar a estratégia de saída. Ter, administrar e expandir uma empresa é estressante e exige mais tempo do que trabalhar como empregado. É preciso desfrutar cada momento e esperar com ansiedade cada dia, seus desafios e recompensas.
- Peça uma avaliação de seus clientes para saber se atendeu às necessidades deles. Caso positivo, vá em frente e peça referências. A maioria dos clientes ficará feliz em indicar a sua empresa se estiver satisfeita com os seus serviços. Se a avaliação deles for negativa, peça sugestões. Em geral, os clientes são francos. Siga suas sugestões e transforme uma avaliação negativa em positiva.

Case 18

# UM GRANDE CONCORRENTE TENTOU NOS ELIMINAR

**GORDON KINNE**
Diretor-presidente, *Med-Pay, Inc.*

Med-Pay, Inc. é um administrador independente de seguros para empresas que financiam o próprio plano de saúde. Nossa empresa processa pedidos de reembolso e faz resseguro para limitar as exposições de risco de nossos clientes. Quando era presidente, Bill Clinton propôs o Plano de Saúde Universal, o qual só empresas com cinco mil funcionários ou mais poderiam se recusar a adotar. Na época, nosso maior cliente tinha cerca de três mil funcionários enquanto a maioria dos outros tinha uns duzentos.

Como o plano de saúde proposto tiraria nossa empresa do mercado, procuramos parcerias com uma seguradora. Descobrimos a Humana, e começamos a negociar. Finalmente, terminamos vendendo a Med-Pay para eles, embora o plano de Clinton tenha dado em nada. Ainda achávamos que as organizações de assistência gerenciada de saúde seriam a salvação, mas não cabíamos nesse perfil.

Dirigimos nossa empresa dentro da Humana durante dois a três anos. Faltando três anos para findar o contrato, a Humana queria acabar com esse modelo, o que me deu oportunidade de comprar a companhia de volta. Entretanto, um dos provedores de serviços de saúde com os quais tínhamos contrato comprou totalmente a ideia do plano de saúde de Clinton. Em consequência, contrataram todos os médicos, fundaram a própria seguradora e tentaram nos impedir de comprar a Med-Pay de volta, já que éramos seus concorrentes.

De fato, disseram a todos os nossos clientes que consultavam os médicos deles que, se quiséssemos ficar com a Med-Pay, eles não teriam mais descontos. Alguns dos nossos clientes perguntaram a razão disso, mas eles não tinham uma boa explicação a dar. Acredito que estavam apenas tentando eliminar a concorrência.

Alguns dos meus clientes acharam melhor não ficar com a Med-Pay para não causar nenhum problema aos funcionários com a mudança da assistência médica. Outros não concordaram e saíram. Ajudamos esses últimos a firmar contratos com outro hospital da cidade.

Foi uma situação bastante difícil. A pior coisa que aconteceu foi quando ganhamos a concorrência de um contrato com um órgão governamental por ter a oferta mais baixa. O provedor de serviços de saúde informou a esse órgão que, caso quisessem usar a rede deles, eles não poderiam usar a Med-Pay.

***Não leve as decisões de negócio para o campo pessoal.***

Tentei de tudo. Fui ver o novo gerente da empresa provedora de serviços de saúde e disse-lhe que tudo o que queríamos era processar reembolsos, que nem sempre concordávamos com o que vinham fazendo, mas tínhamos de ser os guardiães do dinheiro de nossos clientes. E que, na minha opinião, tentamos trabalhar com eles. O administrador me respondeu que teríamos de analisar empresa por empresa. Aí eu disse que, se perdêssemos mais um pedaço da empresa, iríamos processá-los. Não queria fazer isso, mas já não sabia mais o que fazer para tentar salvar a Med-Pay.

Ele deu de ombros e disse: "O senhor vai processar a [nome omitido]? Somos muito grandes".

Minha resposta foi: "Temos escritórios de advocacia que já deram um pé no seu traseiro três vezes e pegarão o caso de graça. Não vou gastar um tostão, só tempo".

Liberei os advogados e resolvemos a situação em uma semana. Isso depois de seis meses de estresse e noites sem dormir.

Esse provedor de saúde estava apenas tentando eliminar a concorrência. Perdemos de 30 a 40% do negócio em muito pouco tempo. Crescemos e continuamos crescendo ainda hoje, mas foi brutal. Envelheci cinco anos em seis meses.

## O que aprendi:

- A pessoa que estava se esforçando para evitar que mantivéssemos nossos clientes perdeu e se aposentou prematuramente. Sobrevivemos. Não estou afirmando que esse fato o tirou do mercado, mas foi um caso tão sério que saiu nas primeiras páginas dos jornais locais.
- Se for honesto, direto e sincero com as pessoas e tratá-las de forma justa, terá mais a ganhar do que problemas.
- Não tome decisões de negócio pessoalmente.
- Às vezes, se tiver razão, ameaçar com um processo é o último recurso. Não é algo que se queira, mas se disser que tentou de tudo (o que eu fiz), não há alternativa. Funcionou.

>>>

>>>

- Rezar, ter o apoio do cônjuge e de bons amigos o ajudará a atravessar esses períodos difíceis.
- Foi uma boa lição. Primeiro, fiquei ressabiado com as empresas que saíram. Mas percebi que algumas não queriam ficar no meio de uma briga. Sobrevivemos e reconstruímos a empresa. Perseverança e bons princípios me fizeram vencer.

## Aplique estas lições à sua empresa:

- Fique sempre atento à sua reputação local. As pessoas querem ser tratadas com imparcialidade. Nessas horas, a imprensa pode ficar do seu lado ao mostrar os fatos, caso não fuja dos jornalistas quando procurado. Se a sua empresa é vista como truculenta, é muito difícil acabar com essa reputação.
- Muitas grandes empresas procurarão eliminar a concorrência. É preciso fazer com que o cliente, atual ou futuro, tire vantagens usando os produtos e serviços de sua empresa em vez dos oferecidos por seu maior concorrente. A razão nem sempre é o preço. Muitas vezes, as pessoas estão dispostas a pagar mais, caso percebam que há valor agregado ao que pagam.

# Case 19

# FIQUEI DOENTE E NÃO PODIA TRABALHAR

**NITA BLACK**
Presidente, *MO's Memphis Originals*

Abri uma consultoria que prepara planos de negócios e obtém capital para empresas de pequeno e médio porte. Gostava do trabalho e a minha base de clientes crescia rapidamente. Em 2001, fazia parte de um projeto de concessão de financiamento para um novo fundo de capital de risco. Era um projeto interessantíssimo e o prazo final estava próximo.

Minha secretária eletrônica estava quase sempre cheia de recados. Como sofria muita pressão, trabalhando de catorze a vinte e duas horas por dia, comecei a tomar analgésicos. Não conseguia dormir porque estava muito estressada e excitada ao mesmo tempo. Como não consumia drogas, cigarro ou bebidas, pensava que minha saúde seria a última coisa a falhar.

A família e os amigos começaram a ficar preocupados. Viam minha saúde deteriorar-se e praticamente me arrastaram ao médico. Não via necessidade de preocupação porque não "havia nada de errado comigo". Tinha de trabalhar. Entretanto, felizmente, vejo agora, eles insistiram. Foi preciso sete familiares e um bom amigo para me convencer a procurar ajuda.

Depois de muitos exames, fui diagnosticada com psicose maníaco-depressiva e hospitalizada durante uma semana. A minha vida, incluindo minha empresa, parou. Os médicos não me davam uma data de quando poderia voltar a trabalhar.

***É preciso ter um plano de contingência, mesmo que nunca venha a usá-lo.***

A internação hospitalar me assustou. Percebi que não tinha ninguém para assumir as coisas na minha ausência. Minha autoconfiança sofreu um abalo. Sentia como se o mundo tivesse acabado e eu não tivesse um objetivo para viver. Um ponto positivo nessa história foi ter percebido o que se sente quando em tratamento em um local que às vezes parecia uma prisão, tendo como companheiros apenas alcoólatras e drogados.

Durante todo esse tempo, descansei, rezei e tive acompanhamento psicológico. Pouco a pouco, minha vida profissional e pessoal voltou aos trilhos. Nunca terminei aquele grande projeto de concessão.

Minha empresa conseguiu sobreviver. Durante minha hibernação forçada, que durou um ano, juntei-me a uma pessoa cujos talentos complementavam os meus. Comecei pouco a pouco a ter mais clientes e a voltar a preparar planos de negócios.

Por causa dos clientes dos planos de negócios, abri outra empresa. Tinha feito uma pesquisa que indicava que há alteração no comportamento dos alunos quando as aulas de música e artes são eliminadas do currículo escolar. Como já tinha clientes dessas áreas, decidi juntar os dois e comercializar o *marketing* do valor "invisível" da arte e da música. Outra pesquisa indicava que o comportamento do indivíduo recebe influência das pessoas mais próximas a ele: pais, familiares e amigos. Assim, os clientes da minha empresa são, na verdade, pessoas com idade entre dezessete e setenta e cinco anos.

A minha força para fazer isso veio de uma relação pessoal com Deus. Ele colocou o livro de Rick Warren[3], *Uma Vida com Propósitos*, em minhas mãos, juntamente com muitas pessoas e preces. Não jogo golfe, mas já tive algumas aulas. Dizem que a tacada perfeita é quando a bola bate no ponto certo do taco, o *sweet spot*[4]. Eu sinto que tenho esse ponto certo no contato com Deus.

Sabia que essa empresa precisaria de algum investimento e decidi usar parte de meu fundo de aposentadoria para tal. Coloquei dinheiro em um projeto do coração, pois significava muito para mim. Uma consultora disse que eu não teria problemas fiscais se usasse o fundo de aposentadoria para comprar ações de minha própria empresa. Planejei comprar essas ações e declará-las no meu imposto de renda. Só que ela estava errada e agora estou pagando uma multa de 10% por causa disso. Entretanto, tenho um profundo compromisso com um negócio significativo para mim e para outros, o que me dá um propósito de vida. O problema de saúde que tive me fez perceber o que realmente queria e agora estou fazendo isso.

## O que aprendi:

- A saúde é fundamental. Se estiver esgotado, descubra logo o que o está atormentando, antes de ficar doente e não poder trabalhar.
- É fundamental pesquisar quando se tem uma empresa. Pergunte a vários consultores antes de acatar a opinião do primeiro e, melhor ainda, pesquise sozinho. Peça conselhos.

---

[3] **N. da T.:** Rick Warren é pastor batista, fundador da *Saddle Back Church* na Califórnia e autor do *best-seller Uma Vida com Propósitos (The Purpose-Driven Life)*, que vendeu 500 mil cópias antes do lançamento. Seus ensinamentos são bastante criticados por diversos grupos cristãos, até mesmo batistas.

[4] **N. da T.:** O *sweet spot* é o ponto onde acontece a maior transferência de energia do taco para a bola, o que minimiza a vibração e torção do taco. É também conhecido como "veia do taco".

## Aplique estas lições à sua empresa:

- É preciso ter um plano de contingência. Provavelmente, nunca precisará usá-lo. Porém, caso o inimaginável ocorra, é bom ter um. O plano deve abranger as medidas a serem tomadas em caso de morte, doença ou incapacitação dos dirigentes da empresa.
- Outro plano descreve o que fazer em caso de incêndio, inundação, furacão ou qualquer outro fenômeno natural que impeça o funcionamento da empresa. Faça *backup* de todos os programas e dados e mantenha-os fora do local de trabalho. É fundamental ter uma lista de clientes. Mesmo que você não disponha de produtos ou serviços, se tiver uma lista de clientes existentes e potenciais, poderá reestruturar a empresa.

## Case 20

# NÃO TINHA CLIENTES

**PAULINE CORMIER**

Meu marido estava em greve e eu precisava de um projeto para me manter ocupada. Tinha acabado de ganhar de presente um conjunto de aquarela. Comecei a desenhar e pintar o quadro de uma menina em um balanço. Quando fui dormir, naquela noite, lembrei-me de uma promessa que tinha feito a mim mesma aos cinco anos de idade: escrever um livro infantil.

Criei um livro. Meu marido me ajudou a fazer quinhentos cachorrinhos de pelúcia. Esses bichinhos acompanhavam o livro e davam às crianças uma distração ao ler a história. Essa foi a parte fácil. Era minha paixão; agora tinha de colocá-la no mercado.

Comprei computador, *scanner*, impressora e fax; não sabia usar nenhum deles por absoluta falta de necessidade. Sentia-me como um cirurgião que ia operar com todo o instrumental necessário, mas sem qualificação para isso. Não tinha a mínima ideia do que fazer, mas, se as pessoas conseguiam, eu também conseguiria me adaptar. Estava determinada a fazê-lo.

Fui ao departamento de pequenas empresas do governo canadense. Uma das apresentações era de uma gerente do *Royal Bank of Canada*. Ela mostrou os passos para se conseguir um empréstimo. Ajudou-me a mapear meu plano de negócios. Nas minhas viagens, vi um cartaz em um banco que dizia: "Vai abrir uma empresa? Venha falar conosco". Resolvi visitá-los, sem nenhuma expectativa quanto a conseguir um empréstimo. Mas consegui. Agora estava indo em frente.

***Encontre pessoas que o estimulem. A negatividade nos põe para baixo.***

A empresa começou a funcionar em março de 2001 e os livros e cachorrinhos foram entregues em casa no dia 11 de setembro de 2001. Foi difícil. Muito mais do que imaginava. Tinha de vender os livros porque precisava de dinheiro para pagar os empréstimos.

Sabia tudo de cor. Conhecia os números. Sabia exatamente o que queria. Mas não vendia. A otimista inveterada em mim dizia: "uma venda por vez".

Não desanimei. Entretanto, quando fazia uma venda, o dinheiro mal entrava e já saía. Fiz um terceiro produto: um CD para acompanhar o cachorrinho e o livro. Agora tinha um pacote maior e dívidas ainda maiores.

Meu marido sempre me apoiou. Se não fosse por ele, provavelmente teria desistido. Gastei e ainda gasto mais do que ganho. Mas ele nunca me pediu para desistir.

Tive uma ideia. Procurei escolas e me ofereci para ler minhas histórias. Fiz produtos interativos. As crianças pintam os personagens do livro e ganham um cachorrinho. Mas o difícil mesmo é lidar com toda a burocracia envolvida. Leva-se muito tempo para conseguir entrar nas escolas. Mas estou vendo algum progresso. A carinha das crianças quando escutam a história e a alegria quando veem os produtos me incentivam a continuar.

Já fiquei nervosa, amedrontada, apreensiva e empolgada. São altos e baixos.

No fim, tive uma revelação. Comparei essa jornada empresarial com minha noite de núpcias. Estamos casados há trinta e cinco anos e é ótimo! Espero não ter de aguardar tanto para colher os benefícios dessa aventura empresarial!

## O que aprendi:

- Converse com quem tem atitudes positivas. Encontre pessoas que o estimulem. A negatividade nos põe para baixo.
- Faça o possível. Ainda tenho de trabalhar dois dias por semana no salão de beleza para pagar as dívidas. Isso me dá flexibilidade para fazer o que é necessário para aumentar os negócios.
- Gosto de desafio. Digo a todo o mundo que vou aparecer na televisão, um dia. Quando temos um objetivo, devemos segui-lo.

## Aplique estas lições à sua empresa:

- Consulte especialistas em áreas do seu negócio que você desconhece. Eles podem ajudá-lo. Outro meio de conseguir informação é em seminários e *workshops*. Uma terceira opção é conversar com um empresário que não seja do ramo. Às vezes, ao contar a história dele, pode ajudá-lo a atravessar uma fase difícil.
- Procure produtos complementares para oferecer aos clientes. Pode ser uma maneira rápida de aumentar a receita, porque é mais fácil um cliente antigo comprar mais do que conseguir um cliente novo.

## Case 21

# OS CLIENTES NÃO PERCEBIAM A NECESSIDADE DE NOSSO PRODUTO

**GARY MARKLE**
Presidente e Diretor-executivo, *Colorado Springs Technology Incubator*

Sou um empresário não ortodoxo. Entre 1979 e 1999, abri três empresas de *software* que alcançaram porte respeitável e as vendi para empresas de capital aberto. Quando a comunidade de Colorado, onde vivo, resolveu criar uma incubadora de alta tecnologia, entrei na briga para ocupar o cargo de diretor-executivo. Agora posso oferecer experiência e orientação a empresas de tecnologia recém-abertas.

Sem a ajuda do governo, minha primeira empresa de *software* não teria sobrevivido. Ela foi aberta ao mesmo tempo que o computador pessoal da IBM entrava no mercado. Desenvolvemos um *software* bancário destinado a *mainframes*[5] e o modificamos para que rodasse no PC da IBM. Esse programa bancário previa o impacto das taxas de juro no balanço, na moeda e em outras atividades correlatas.

Entramos nesse negócio em 1979 como uma pequena divisão de uma empresa recém-aberta financiada por capital de risco e que acabou sendo comprada pela Computer Associates. Essa última decidiu que nossa empresa não cabia em seu perfil geral e, então, a recompramos com recursos de terceiros. Charles Wang, fundador da Computer Associates, ajudou-nos a financiar a recompra. Com seis clientes, todos os fundadores concordaram com a compra e investiram seus bens pessoais no negócio.

***É preciso ser a influência tranquila durante a adversidade.***

Estava com trinta e dois anos de idade. Peguei todas as minhas economias, que somavam 20.000 dólares, e investi na empresa. Era solteiro e pensei: "Bom, essa é a oportunidade da minha vida". Não sabia onde estava me metendo. Era fundador da empresa e responsável por vendas e *marketing*; portanto, minha responsabilidade era gerar receita. Eu era o "tíquete-refeição".

Porém, éramos uma empresa especializada que oferecia um *software* que os bancos gostavam, mas não precisavam. A maioria deles afirmava: "É um bom programa para se ter, mas não vejo necessidade de tê-lo, então por que comprá-lo?". E acrescentava: "Estou apagando incêndios no momento; por que não me liga em seis meses?".

Ou seja, vendia um produto de que os bancos precisavam, mas não achavam que precisavam. Tive de aprender a fazer trabalho missionário em um mercado tradicional que não gostava de mudanças nem de novas ideias.

O dinheiro estava ficando curto. Quantas vezes emitimos contracheques e colocamos na gaveta até termos fundos suficientes para nos

[5] **N. da T.:** *Mainframe* é um computador de grande porte, destinado ao processamento de grande volume de informações. Normalmente é usado em ambientes comerciais ou em processamento científico.

pagar! E, para piorar, tínhamos dado nossas casas em garantia e assumido muitos riscos.

Não tínhamos capital de risco. Solicitamos e conseguimos um empréstimo do Small Business Administration (SBA), entidade governamental americana que dá apoio a pequenas empresas, até mesmo financiamento. Parte das exigências deles era que o pró-labore dos fundadores deveria se limitar a certo valor. Limitaram nossos salários, o que não era um problema, porque às vezes não recebíamos um tostão. Ganhávamos para sobreviver e estivemos em situação crítica diversas vezes.

Fomos em frente. Houve uma reviravolta. Começamos a deixar de fazer vendas "missionárias" assim que o interesse na compra de nosso *software* aumentou. Era preciso perseverar. Tinha investido toda minha poupança, 20.000 dólares até então, e não queria perdê-la. Além disso, os fundadores da empresa não tinham vontade de voltar a trabalhar em grandes companhias. Resolvemos continuar.

Fizemos muitas coisas para nos livrar do estresse. Tínhamos muitas reuniões na empresa para identificar em quais áreas específicas cada funcionário tinha habilidades e tentamos conduzi-los para aquelas áreas.

Também tínhamos sócios confiáveis. Todos chegavam para trabalhar com um forte senso de ética profissional e acho que isso foi o que nos fez ir adiante. Mesmo nas épocas mais difíceis, era só olhar em volta e ver os sócios trabalhando duro, até altas horas. Quando viajávamos a negócio, trabalhávamos três ou quatro horas no avião.

Nosso diretor-presidente era uma força inabalável. Lembro que uma vez eu estava tão esgotado tentando fazer uma venda que liguei para ele e disse: "Não consigo nem lembrar o número do meu telefone". Ele me ajudou a superar isso. Era um mentor e alguém que aconselhava a todos os jovens da empresa que tinham dado como garantia seus bens pessoais ao assinar o contrato de empréstimo.

O diretor era uma figura de liderança e bastante importante para a empresa. Não se abalava nem se estressava. Pensando bem, o que nos fez perseverar foi sua contínua crença, e a de todos nós, na empresa, em nosso produto e no que fazíamos. Nunca questionamos se estávamos fazendo a coisa certa ou se tínhamos mercado para nosso produto. Nunca ninguém duvidou de si mesmo nem aventou a hipótese de fechar a empresa.

Então, um dia o governo obrigou os bancos a ter o tipo de *software* que vendíamos; não que comprassem nosso produto especificamente, mas que tivessem um igual ao que criamos.

Ou seja, o governo legislou em nosso favor e tivemos muita sorte na época. Isso se deu por volta de 1985, quando a taxa de juros nos EUA era de 12%. Nossa empresa era a maior do mundo em seu pequeno nicho de mercado. Ela alcançou uma receita de 20 milhões de dólares e centenas de funcionários ao redor do mundo.

## O que aprendi:

- Como empreendedor, é preciso entender o que chamo de "companheiros de cama". É preciso conhecê-los muito bem porque, mesmo que tenham trabalhado juntos em outras empresas, as pressões de um novo empreendimento aumentam demais. Sem entender a personalidade das pessoas com quem se trabalha, é difícil manter um trabalho em equipe.
- O trabalho pioneiro é difícil. Se você acreditar em seus produtos e se eles forem necessários, é preciso vender e convencer o mercado de seus benefícios. Fazer um trabalho missionário é complicado quando se precisa pôr comida na mesa.
- É preciso ter uma influência tranquila, como a que nosso presidente nos proporcionava. Quando estávamos realmente esgotados e estressados, ele conversava conosco e nos mantinha na luta.

## Aplique estas lições à sua empresa:

- Mantenha-se sempre atualizado com os regulamentos federais, estaduais e municipais. Pode-se deparar com uma lei exigindo que seus clientes comprem os produtos de sua empresa. Quando isso acontecer, comece imediatamente um trabalho de publicidade e relações públicas para assegurar que os clientes atuais e futuros saibam da lei e a cumpram. Isso gera receita para a empresa.
- Como empresário, é preciso ser a força serena em face da adversidade. Se os funcionários o virem chateado ou estressado, eles vão entrar no clima e ficarão preocupados. Além disso, se perceber um de seus funcionários preocupado ou estressado, é melhor conversar com ele para tentar aliviar a tensão. Caso contrário, essa pessoa pode, além de prejudicar a empresa em vista de sua incapacidade para desempenhar adequadamente suas funções, influenciar negativamente outros funcionários.

# Case 22

# O GOVERNO CAIU FORA

**VICTORIA KAMM**
Diretora-executiva, *Thermal Engineering, Inc.*

Somos uma empresa de manufatura familiar que está no mercado desde 1950. No final dos anos 1980, o Ministério do Meio Ambiente dos EUA começou a aventar a possibilidade de aprovar a Lei do Ar Limpo, que obrigava o reaproveitamento e a reciclagem do fluido de refrigeração usado nos sistemas de ar-condicionado automotivos e domésticos.

Na época, produzíamos menos de mil unidades de fluido de refrigeração reaproveitado. Portanto, começamos a discutir a possibilidade de aumentar a produção para atender à demanda potencial. Na minha opinião, devíamos manter nossa capacidade produtiva e não aumentá-la. Fui derrotada por meu marido e meu sogro.

A Lei do Ar Limpo foi promulgada em julho de 1990. Mesmo tendo aumentado a produção, não conseguíamos atender à demanda. As receitas cresciam exponencialmente e contratávamos o mais rápido que podíamos.

Apesar do aumento da mão de obra e de materiais, a empresa só conseguia produzir seis mil unidades por ano no final de 1991. De novo eu disse: "Nem se dê o trabalho de aumentar as despesas para expandir". Achava que, se não havia como aumentar a produção para atender à demanda, qual era o objetivo? Sabia que nunca iríamos conseguir isso.

Sabíamos que a empresa não tinha condição de atender a todos os pedidos. Achávamos que os clientes cancelariam os pedidos e procurariam outro fornecedor, mas isso nunca aconteceu, porque não havia fornecedor que conseguisse suprir a demanda.

As receitas e os lucros eram extraordinários.

Em 1.º de julho de 1992, o mercado desintegrou-se. O governo informou que não tinha condições de obrigar o monitoramento do uso do fluido refrigerante. Nesse mesmo dia, as vendas pararam. Seis milhões de dólares em pedidos foram cancelados em um único dia. Nossa dívida total chegava a 1,7 milhão de dólares.

Dispensamos 150 pessoas em um só dia. Não tínhamos escolha e não foi nada agradável. Tudo o que construímos se foi e as pessoas que ajudaram tinham de sair. Não havia trabalho para elas.

O irônico da história foi que o governo disse que lamentava o fato de algumas empresas não conseguirem sobreviver. Nós estávamos entre essas empresas.

Meu sogro foi tachativo: devíamos pedir falência. Mas meu marido e eu nos recusamos a fazer isso. Ele estava com oitenta anos de idade e não queria mais lidar com essas questões. Entretanto, nós precisávamos da empresa para sustentar a família e nosso futuro. Decidimos que íamos pagar os fornecedores e concentrar nossos esforços nos outros produtos da empresa não afetados pela medida. Afinal de contas, a empresa era lucrativa antes disso e continuaria a sê-lo depois, mesmo tendo uma dívida de 1,7 milhão de dólares e um estoque milionário que não poderíamos vender.

Dois meses depois, os fornecedores ainda devolviam equipamento. Uma parte virou lixo, outra foi vendida como sucata. Fomos dando baixa no estoque com o passar dos anos. Não podíamos aproveitá-lo porque se tornou obsoleto.

Perseveramos. Eu sempre digo: nada como um dia após o outro. Houve só um momento em que fiquei assustada, um pouco antes de minha filha completar dezoito anos. Eu pensava: "O que vamos fazer?". Porque, àquela altura, minha identidade estava ligada à da empresa. Era quem eu era e o que fazia. Era muito assustador pensar que não sobrava alternativa senão pedir falência. Não conseguia imaginar mais nada. Creio que foi apenas um mecanismo de medo.

Houve um período em que os distribuidores ligavam e eu respondia: "Thermal Engineering", e eles diziam: "Nossa, pensava que ninguém fosse atender". Aí eu perguntava: "Então, por que está ligando?". Segundo alguns dos concorrentes, eles pensavam que tínhamos fechado ou saído do mercado, e ligavam só por curiosidade.

Continuei a pensar nas muitas oportunidades existentes para manter a empresa. Para mim, o mais importante era me manter no ramo. E assim foi. A Thermal sempre foi uma empresa lucrativa. Liquidamos algumas coisas, tivemos prejuízo no imposto de renda e fizemos alguns acordos com os credores. Um deles durou dez anos. Comprávamos deles matéria-prima para outros produtos e não éramos clientes novos. Eles ficaram assombrados. Tenho certeza de que, quando fizeram a renegociação da dívida, estavam certos de que não conseguiríamos sobreviver. Liquidamos a dívida no ano passado.

***Antes de trabalhar para uma empresa familiar, é melhor trabalhar em outra empresa.***

Tivemos algumas reuniões com os representantes de vendas. Um deles me escreveu pedindo 52.000 dólares, afirmando que contrataria um advogado. Respondi que fosse em frente e esperasse sentado. Outros representantes pensaram que não iríamos pagá-los, e que os tínhamos enganado. Eram como os nossos fornecedores, eles sabiam que não poderíamos pagar, mas queriam o seu dinheiro de qualquer maneira.

Mesmo sem dinheiro e sem ser uma empresa de capital aberto, colocávamos as cartas na mesa: "A nossa situação é esta. Este é o valor do nosso prejuízo e isto é o que faremos para nos recuperar". Achamos que a transparência era a melhor alternativa, e foi.

Infelizmente, ainda havia muita gente gritando: "Vocês estão me devendo!". Lembrava a todos, até mesmo aos representantes de venda, que tínhamos de vender os outros produtos para sair dessa montanha de dívidas. A única maneira de pagar a dívida era aumentar a venda dos outros produtos.

A maioria dos representantes de vendas saiu assim mesmo, por pensar que não conseguiríamos superar a situação. Não queriam arriscar sua reputação com os atacadistas. Precisávamos aumentar as vendas para pagar os atacadistas, mas os representantes queriam ter certeza de que seus clientes não ficariam furiosos com eles e não criariam problemas com as outras linhas que representavam. Assim, mudamos a metodologia de vendas e passamos a vender diretamente.

Faz doze anos. Nunca mais esquecerei aquele dia e os anos subsequentes até conseguir pagar a dívida. Sobrevivemos e seguimos em frente.

## O que aprendi:

- Durante a crise, perguntei-me: "O que posso fazer hoje?". E fazia. Era impossível resolver todos os problemas de uma vez. Um pouco por dia. Foi assim que, lentamente, conseguimos pagar as dívidas.
- Siga sua intuição. Eu sabia que deveríamos nos concentrar no negócio principal (*core business*). Infelizmente, a maioria dos votos foi contra. Agora, tenho a maioria do capital da empresa, então posso ouvir minha intuição.
- Antes de trabalhar para uma empresa familiar, é melhor trabalhar em outra empresa. Nunca tinha trabalhado em outro lugar. Acho que, se tivesse, teria visto as coisas sob outra perspectiva.

## Aplique estas lições à sua empresa:

- Como na história anterior, os regulamentos federais, estaduais e municipais podem ter grande impacto sobre seus negócios. Nesse caso, eles poderiam ter tirado a empresa do mercado, eliminando a necessidade de seus produtos e serviços. Se esse for seu caso, é preciso interromper imediatamente a produção, economizar caixa e determinar quais produtos, caso haja, você pode vender para permanecer no mercado.
- Tome decisões difíceis rapidamente, pois a sobrevivência da empresa pode depender disso. A manutenção do caixa é fundamental em épocas de crise. Para sobreviver, mantenha um bom relacionamento com os bancos e fornecedores: é importante que sejam informados da situação e que saibam que os dirigentes da empresa os procurarão em breve para propor um acordo. Muitas vezes, eles esperarão pelo acordo antes de recorrer à Justiça.

## Case 23

# MEU SÓCIO PERDEU A PAIXÃO

**JEFF FISHER**
Diretor-presidente, *Reno Lawn and Landscape*

Vou contar rapidamente a história de minha vida no paisagismo. Há cerca de dez anos, tropecei nesse negócio. As pessoas me perguntam se, quando saí do colegial, imaginava que entraria nesse ramo. A resposta sempre foi negativa. Não conhecia nada sobre o assunto: foi apenas uma oportunidade do momento. Tinha acabado de pedir demissão do emprego, e um amigo, que era dono de uma empresa de paisagismo, me convidou para ser diretor. Aceitei o cargo. Quatro meses depois, um dos sócios quis vender sua parte, e foi aí que entrei para o negócio. Desde 1994, tive vários sócios, em diferentes ocasiões, tanto na empresa de paisagismo quanto na imobiliária.

Para ser exato, nunca afugentei os sócios. Comprei a parte de um, depois de três anos, quando houve a fusão com a empresa atual.

Com a fusão, outro sócio entrou e ficou quatro anos. Em 2000, comprei a parte dele e hoje sou o único proprietário da empresa. Naquela época, também fiz vários negócios imobiliários que envolveram sócios.

Meu último sócio estava no ramo havia cerca de dezenove anos. Era visível a perda da paixão pelo negócio. Um dia, me dei conta de que um dos dois tinha de sair. Queria assumir a função dele. Sabia que podia dirigir a empresa sozinho, pois tinha oito anos de experiência de sucesso. Queria ser o representante da empresa a comparecer a eventos sociais e fazer relações-públicas.

***Um sócio não é para a vida inteira.***

Assim, sentamos na sala de reuniões e coloquei o plano na mesa. Disse que, até o final do dia, ou seríamos amigos ou eu iria embora. Uma hora e meia depois ele concordou com o plano. Decidiu que estava pronto para sair.

Não tinha dinheiro quando entrei na empresa, dez anos atrás. Todo capital foi conseguido usando minha parcela dos lucros para comprar ações. Enquanto isso, dependia do patrimônio pessoal dos sócios para manter a empresa.

Assim, estava em um dilema quando comprei a parte do meu último sócio, pois não tinha dinheiro. Tinha de fazer um empréstimo, mas meu patrimônio pessoal não era tão forte quanto o patrimônio conjunto.

O evento mais importante aconteceu quando, ao comprar a parte da sociedade, reestruturei a empresa e vendi a divisão de construção. Imediatamente acabei envolvido em um processo com a pessoa que comprou essa divisão, pois havia cláusulas no contrato que ele usou em benefício próprio. Tudo isso aconteceu quando estava tentando conseguir um empréstimo do governo, capital de giro para começar a empresa e consultando meu advogado com regularidade para evitar um processo. Acabei pagando para que ele ficasse com o negócio. Ou seja, era janeiro e eu tinha três dívidas importantes na minha cabeça: obter um empréstimo do SBA para comprar a parte do sócio, pagar a pessoa que "comprou" a empresa de construção e conseguir capital de giro.

O empréstimo do SBA só foi aprovado no final de fevereiro e, nesse meio tempo, procurei outros bancos para tentar conseguir capital de giro. Ou seja, dois meses sem caixa. Meu pensamento constante era de onde tirar dinheiro para a folha de pagamentos.

É como a minha analogia para corridas de cavalo: você escolhe o cavalo, escolhe a sela, mas, uma vez que a corrida tenha começado, não pode mudar a sela.

Acabei conseguindo um empréstimo de um banco local. Entretanto, durante três meses não sabia se teria dinheiro para a folha, se permaneceria com a empresa e se conseguiria pagar a aquisição. E tinha perdido clientes por conta do negócio da construção que não deu certo.

O terror e o estresse eram reais. Não tinha ideia do que aconteceria. Finalmente acabei conseguindo dinheiro de investidores privados até que saíssem os empréstimos bancários. Expliquei a situação e pedi: foi muito difícil, mas não tinha alternativa para manter a empresa aberta e em meu nome. Eles tinham confiança na minha capacidade e concordaram em me emprestar o dinheiro.

## O que aprendi:

- Consegui o empréstimo do SBA, mas não sem problemas. Da próxima vez, irei a um banco de terceira linha que faz empréstimos o tempo inteiro em vez de alguns por ano. O processo teria sido mais simples.
- Ao comprar uma empresa, ela deve poder operar sem o dono. Se não, ela não tem valor.
- Um sócio não é para a vida inteira. Essa é uma discussão que se deve ter com sócios em potencial. É essencial ter poder de recompra. O interessante é que ex-sócios podem voltar a fazer negócios com você. No momento, estou fazendo um negócio imobiliário e um antigo sócio procura oportunidades comigo.

## Aplique estas lições à sua empresa:

- Tudo é mais demorado do que imagina. Contratos comerciais, empréstimos, investimentos e contratos financeiros levam dias, semanas ou meses para serem concluídos. Procure ter dinheiro suficiente para ir levando até o próximo pagamento, empréstimo ou outra entrada de caixa.
- Há uma regra na minha vida que parece funcionar: toda vez que alguém me diz que vai levar determinado tempo para concluir algo, sempre multiplico pelo valor do pi, ou seja, 3,14. Assim, se alguém me diz que um contrato vai levar uma semana para ser concluído, calculo três semanas. Parece funcionar a maior parte das vezes. Se o período for menor, estou adiantado.

Case 24

# TIVEMOS DE ABRIR MÃO DO CONTROLE

**JEFF RUSSELL**
Presidente, *Russell Cellular and Satellite*

Meus desafios e temores sempre foram em relação a pessoas. Minha mulher e eu mudamos de Arkansas para o Missouri sonhando com melhores oportunidades. Nunca estivemos lá antes e começamos do zero.

Não conhecia uma alma viva no local. Entretanto, sempre imaginamos que aquela cidade oferecesse grandes oportunidades. Um dia, fomos de carro até Springfield. Peguei um jornal e procurei um apartamento para alugar. Precisava de trabalho e, na verdade, entrei naquela empresa por acaso. Tinha lido o anúncio que precisavam de alguém para vender seus telefones. Fui trabalhar para eles. Era o único funcionário contratado. Em noventa dias, descobri que o dono era bastante antiético. Ele me obrigou a me virar sozinho. Foi o que fiz. Vimos uma oportunidade e começamos a desenvolvê-la. Tivemos esse negócio durante dez anos e meio.

Minha mulher e eu começamos a vender de porta em porta. Queríamos ter mais receita. Também queríamos controlar nosso tempo. Contudo, acabei trabalhando mais do que se tivesse um "emprego". Depois de seis meses nessa vida, resolvi abrir uma loja para oferecer serviços aos nossos clientes. Então, liguei para minha mãe e pedi US$ 1.500,00 emprestado. Assim, abrimos nossa primeira loja.

Não era bem uma loja. Fomos à feirinha de móveis usados e compramos uma mesa e uma cadeira. Colocamos o computador e o telefone em cima da mesa da cozinha. Esse foi nosso primeiro escritório, há dez anos. Paguei minha mãe em trinta dias. Abrimos uma segunda loja na nossa cidade natal, Arkansas. Cerca de um ano a um ano e meio depois, abrimos uma terceira, que é, hoje, nossa sede em Springfield, Missouri.

Foi aí que fizemos um plano de negócios e começamos a crescer. E foi também quando teve início o nosso maior desafio. Entretanto, conseguimos encontrar bons profissionais e hoje temos quarenta e quatro lojas. Somos o maior representante da *Alltel*[6] nos EUA.

[6] **N. da T.:** Quinta maior empresa de telecomunicações dos EUA.

Foi difícil sair da condição de dono que faz de tudo para a de diretor que fiscaliza tudo. Nos primeiros três anos da empresa, continuei a vender e administrar. Sabia que dependia de mim para atingir a cota, que era do que minha família necessitava para viver. Assim, continuei a fazer isso durante três ou quatro anos, mesmo quando já tinha cinco a seis lojas. Sabia que só podia contar comigo, independentemente do faturamento das lojas. Portanto, durante um tempo, equilibrei as duas coisas até poder deixar as vendas e ser apenas diretor.

A única vez em que deixei as vendas de lado foi quando havia fluxo de caixa suficiente para confiar nas vendas dos outros. Daí, a coisa piorou. Passar de vendedor a administrador é difícil. Achava que um dos meus pontos fortes era a capacidade de relacionamento: pegava esses novos funcionários e lhes ensinava tudo. Não havia nada na empresa que minha mulher e eu não tivéssemos feito. Em consequência, sabíamos o que os funcionários deviam fazer, pois tínhamos confiança na nossa experiência.

Durante um bom tempo, trabalhamos muito com os funcionários, dando a eles o benefício da dúvida, mas chegou a um ponto em que tivemos de contratar as pessoas certas ou não conseguiríamos crescer. Isso foi muito difícil.

O próximo grande desafio foi contratar gerentes para me substituir enquanto crescíamos. Fui diminuindo minhas expectativas do que queria alcançar com os clientes em cada nível. Percebi que ninguém pode representá-lo tão bem quanto você mesmo. Foi um grande desafio encontrar profissionais como nós. Eles deveriam ter atitude, conhecimento e mentalidade para fazer negócios e também para ensinar os representantes de vendas.

***Abrir mão do controle é essencial para o crescimento da empresa.***

Literalmente, batemos de porta em porta até encontrar as pessoas certas para o cargo. Fizemos muitas sondagens e aprendemos com alguns erros. Agora, o nosso pessoal faz as contratações ou demissões. Se os funcionários não se adaptam, são demitidos. É mais fácil do que quando eu mesmo fazia isso.

Meu maior desafio era desenvolver um sistema completo. Digo "sistema" porque considero nossa empresa uma franquia. Temos quarenta e quatro lojas que são franquias. O sistema assegura uniformidade de execução em todos os níveis.

Quando só eu vendia, podia ajustar ou mudar as coisas com rapidez e facilidade. Contudo, quando se tem dez lojas, é impossível fazer isso rapidamente. Descobri que é preciso ter um setor de treinamento. Desenvolvemos um sistema do zero que funcionasse para todos. Tivemos de aprender a treinar, ensinar, motivar e educar um funcionário inexperiente que nada sabia sobre nosso negócio. Ao final do treinamento, ele deveria ser um vendedor bem informado que entendesse a empresa e o que representamos, e capaz de nos representar bem perante o cliente.

Tivemos de aprender isso com dificuldade. Levamos muito tempo para conseguir, e essa foi a parte mais frustrante e o maior desafio. Entretanto, soube levar adiante para que a empresa continuasse a crescer.

## O que aprendi:

- É importante juntar as pessoas-chave, os profissionais certos. Sem eles, seria impossível crescer tanto.
- O dinheiro é importante em um emprego, mas não é tudo.
- Tento oferecer um bom salário a todos os meus funcionários. Porém, aprendi a oferecer algo que não encontram em lugar nenhum: um ambiente de trabalho positivo e uma equipe bem-sucedida e motivada.
- Se colocar bons profissionais juntos em uma sala e chegar a uma decisão majoritária, estará certo 99% das vezes. Um só indivíduo nunca atingirá essa porcentagem.

## Aplique estas lições à sua empresa:

- Abrir mão do controle é essencial para o crescimento da empresa. Infelizmente, é difícil delegar, e a maioria dos empreendedores deve aprender essa habilidade. Sem delegar, tenta-se fazer coisas demais e, quando se está sobrecarregado, nada sai direito.
- É fundamental confiar no administrador. Deixe-o errar e aprender com os erros. Quanto mais erros cometer e mais aprender, melhor administrador será.
- Assim que encontrar um bom gerente, se a empresa continuar crescendo, comece a preparar outro gerente.
- Um bom funcionário não se torna necessariamente um bom gerente. Muitas vezes, ótimos funcionários com habilidades específicas tornam-se péssimos gerentes. Habilidades técnicas em uma área não se traduzem em habilidades necessárias para gerenciar

>>>

>>>

outros funcionários. Se o gerente fracassar, perde-se um bom funcionário. Por quê? São raras as pessoas que admitem sua incapacidade de gerenciar. Na maioria dos casos, preferem outro emprego.

- Bons gerentes motivam seus funcionários e ajudam a atingir as metas da empresa. Quanto melhor for a equipe gerencial, melhores as chances de a empresa sobreviver a crises. Nesses períodos difíceis, os funcionários procuram auxílio com uma boa liderança. Sabem que suas ideias serão ouvidas e podem resolver a crise.

# Case 25

## NÃO CONFIAVA EM MINHA CAPACIDADE

**ANÔNIMO**

Meus pais me criaram para ter boas notas na escola e arranjar um bom emprego. Durante quinze anos, segui esse caminho no mundo do *marketing*, vendas e publicidade. Passei por muitas situações profissionais convencionais. Era um problema me adequar ao emprego tradicional, porque estava sempre um passo à frente, sendo muito impaciente com outros funcionários para poder participar de comitês e forças-tarefa. Por fim, um supervisor me abordou e disse: "É melhor você ter seu próprio negócio; tem o espírito e a confiança etc. Em vez de perder tempo conosco, é melhor você ter seu negócio".

No passado, se alguém mencionasse ideia semelhante, eu ficaria aterrorizado. "Por que alguém faria isso?" Vejam só, fui forçado a isso. Seis meses depois de ser contratado por uma nova empresa, fui obrigado a sair. Faltavam poucos dias para minha mulher e eu recebermos nosso primeiro filho adotivo. Ficamos arrasados, pensando que perderíamos a criança por conta da repentina instabilidade financeira. Nossa única opção era continuar. Adotamos o bebê assim mesmo, em setembro de 1991, e abrimos a empresa trinta dias depois.

Foi assustador. Fui jogado fora do ninho, porém não tinha alternativa senão continuar. Tive muita sorte em conseguir o primeiro contrato de consultoria quase imediatamente. Isso nos ajudou a deslanchar. Acabamos perdendo um grande cliente dois anos depois, o que nos colocou em uma situação financeira difícil, pois não tínhamos poupança.

Foi duro. Tinha vindo de uma posição sênior na Costa Oeste e não estava preparado para uma experiência tão humilhante. Era muito difícil conseguir clientes, porque não era conhecido nem tinha contatos. Perdemos três quartos de nossa receita e tivemos de fazer várias mudanças no estilo de vida que foram bastante dolorosas.

Minha maneira de lidar com isso psicologicamente foi imaginar minha empresa como glamurosa e de ponta. Às nove da manhã, ia ao Starbucks com meu *laptop*, colaborando com *freelancers* criativos em diferentes pontos da cidade. Tomava um café com leite, escrevia cartas para clientes em potencial e imaginava o futuro. Achava que o que fazia era legal, avançado. Assim, racionalizava minha situação nesse período difícil. O apoio de minha mulher também foi fundamental, pois levava dinheiro extra para casa, trabalhando em diversos lugares.

***Os desafios profissionais podem estimular minha autorrealização como ser humano.***

Nesses tempos difíceis, evitei discutir nossas dificuldades mesmo com amigos mais íntimos, porque até eles podem perder o respeito por você ao saberem dos seus desafios profissionais. Eles o invejam, mas acham que você é louco. Em nível pessoal, lhe dão todo apoio, mas nada de referências. Evitam ter uma associação com você. É angustiante. Embora precisasse de apoio nesse período complicado, aprendi a não me abrir quando estava emocionalmente abalado.

Depois de dez anos, resolvi que era hora de mudar o jogo, porque a falta de dinheiro estava acabando comigo. Tive sorte de atrair um sócio paciente que me deu coragem para continuar.

Quando reflito sobre o passado, percebo que há dois níveis de medo ao se abrir uma empresa. O primeiro envolve a luta com o fluxo de caixa diário, que é imprevisível. O segundo, mais profundo do ponto de vista psicológico, é confrontar a si mesmo e perguntar: "Sou capaz de fazer isso? Por quê? Sou quem penso que sou? Se assim é, por que a realidade não reflete isso? Se não, então, quem sou eu? E o que deveria estar fazendo?". Entra ano e sai ano, ainda luto com essas questões importantes.

Isso me lembra o tempo da faculdade, onde estudava a disparidade entre o que você acredita e o que está acontecendo à sua volta. Por exemplo, você acha que tem talento e é esforçado. Portanto, supõe-se que consiga algum grau de sucesso material. Todavia, você olha à sua volta e não há evidência disso.

É uma tortura psicológica.

Para lidar com isso, percebi que tinha de abandonar o ego. Estudei a premissa de que ninguém é o que pensa. Acho que, inconscientemente, passamos muito tempo inventando "histórias" sobre como somos. Temos de dar uma boa olhada na nossa "história". Há um ponto de profunda pressão psicológica em que é preciso abandonar as pretensões, desistir das aspirações e reajustar-se. É preciso aceitar o pior cenário possível e perceber que até isso não irá magoar o verdadeiro eu. É preciso superar esse medo.

Às vezes, ainda me deparo com esse dilema. A aceitação não é um ponto fixo; meu ego ainda fica nervoso e magoado quando minha empresa não consegue um cliente por sermos muito pequenos para merecê-lo.

Para suportar essa incerteza, rezo, tento diminuir meu ego, estudo filosofia e procuro aconselhamento com certos tipos de pessoa. Obviamente, cada vez que tenho sucesso no trabalho, a pressão diminui e me sinto aliviado. Mas, quando um cliente some, ainda penso: "Vamos ficar bem?". Sei que é meu ego que fala, procurando segurança, de novo.

Tenho dois amigos em quem confio bastante quando as coisas vão realmente mal. E isso tem me ajudado bastante. Essas pessoas têm carreiras que são mais tradicionais e ainda acreditam em minha capacidade. Sempre que nos encontramos para tomar um café, elas me asseguram de que estou no caminho certo e me mandam de volta para a luta.

Ainda estou lutando. As cicatrizes provam isso. Mas ainda estou no jogo, treze anos depois. E sou até otimista!

## O que aprendi:

- Por mais difícil que tenha sido, nunca teria atingido meu potencial criativo se tivesse continuado em uma grande empresa. Cresço todos os dias porque tento ser disciplinado.
- Tive muita sorte em poder fazer algo que realmente amo... procurar diferentes negócios e implementar soluções criativas. O intercâmbio de ideias, estratégias e relacionamentos é estimulante. Adoro

>>>

>>>

essa parte. Sei que existe muita gente que odeia o que faz. Nesse ponto, tenho muita sorte.

- Os desafios profissionais podem realmente estimular minha autorrealização como ser humano. Sem as dificuldades que acompanham a rotina de empreendedor, não teria desenvolvido uma vida profundamente contemplativa e o reconhecimento de realidades maiores que transcendem as noções convencionais de sucesso.

## Aplique estas lições à sua empresa:

- Tenha uma equipe fora do trabalho em que se possa confiar. Essas pessoas têm a melhor das intenções com você. Converse com elas uma vez por ano, pois seus conselhos são verdadeiros e sem segundas intenções. Você pode não conseguir as mesmas opiniões sinceras e diretas de gerentes e funcionários, porque, como dono, você tem poder sobre eles.
- Se os seus funcionários odeiam o que fazem, converse com eles sobre outra forma de ganhar dinheiro. Funcionários insatisfeitos são perigosos. Suas atitudes influenciam negativamente outros colegas e seus clientes percebem essa infelicidade. Convide-os a passar por um "programa de transição de carreira" para procurarem outro emprego (ou abrirem a própria empresa).

# Case 26

# NÃO SABÍAMOS SE ALGUÉM APARECERIA

**RICH SCHMIDT**

Como cristão, sinto que Deus tem um plano para cada um de nós. Na faculdade, sentia que Ele estava me levando a ser pastor. Então, quando estava no seminário, sentia que Ele me encaminhava para que eu fundasse novas igrejas e congregações.

Frequentei aulas para descobrir o que isso significava. Depois, fui a um centro de avaliação de pessoas que são chamadas a abrir novas igrejas. O centro avalia as pessoas com base em treze critérios diferentes, incluindo traços de personalidade, experiências, e outras características empresariais. Fui considerado habilitado a implantar igrejas, mas não para começar do zero em uma comunidade desconhecida. Recomendaram que fizesse parceria com uma igreja existente que tivesse interesse em ajudar a fundar uma nova igreja. Foi o que fiz.

Meu pai é pastor em Valparaíso, Indiana, bem perto de onde começamos. Trabalhei na igreja dele durante nove meses para aprender o ofício. Nesse período, juntamos cerca de trinta pessoas que estavam interessadas em fundar uma nova igreja.

Minha mulher e eu compramos uma casa na cidade onde íríamos abrir a igreja. Nós nos comprometemos a morar na comunidade e participar da vida dela. Fomos em frente, já que não havia como voltar atrás. Se não desse certo, não poderia voltar à sede e dizer: "Cá estou novamente. Há algum trabalho que eu possa fazer e receber por isso?". Era nadar ou afundar. Eu me sentia como o capitão Cortez queimando seus navios.

**_Para que a empresa tenha sucesso é preciso ter dirigentes e funcionários com diversos tipos de personalidade._**

A grande inauguração foi em setembro de 2000. Antes da data prevista, fizemos algumas cerimônias religiosas em junho, julho e agosto. Era nosso trabalho, mas não sabíamos se alguém apareceria. Mandamos 15.000 malas diretas informando sobre a abertura de uma nova igreja, e entre sessenta e setenta pessoas apareceram. Mais algumas compareceram em julho e, em agosto, outras mais. Em setembro, havia 164 pessoas nas cerimônias. Essa foi a época mais temerosa, porque, se ninguém aparecesse, teríamos de fechar a igreja.

Acho que, em quatro anos de existência, mais de mil fiéis foram à nossa igreja. A luta tem sido comunicar-lhes com clareza a palavra de Deus e fazê-los sentir-se ligados à igreja.

A média de frequentadores dos serviços religiosos dominicais é de 150 pessoas. Já tivemos altos e baixos. Chegamos a ter cerca de 200 e depois 120. Esse sobe-e-desce traz desafios organizacionais. E preciso encontrar respostas para perguntas como: "O que limita nosso crescimento? O que impede a comunicação eficaz e o que fazer para que as pessoas se sintam ligadas à igreja?". É diferente de uma empresa que vende um serviço ou produto.

Tenho também um grupo de voluntários dedicados que nos acompanha desde a fundação da igreja. Assim, não estou levando tudo sozinho nos ombros. Desde o primeiro dia em que abrimos as portas, tenho sido o responsável. Porém, tenho uma equipe que ajuda a fazer as coisas acontecerem. De alguma maneira, isso diminui o medo: saber que há a quem recorrer para dividir o fardo. Em certo sentido, o medo aumenta porque essas pessoas estão contando com você. Preces e orientação divina levam-me a atenuar o medo.

## O que aprendi:

- Essa experiência me ensinou que minha personalidade é mais introvertida que extrovertida. Tive de aprender a ser mais comunicativo e assumir mais riscos.
- Sempre acreditei que Deus ajuda a quem tem fé e confiança Nele. Se sigo a vontade d'Ele, as coisas dão certo. Nada como uma experiência para mostrar isso. Aprendi que isso realmente é verdade.

## Aplique estas lições à sua empresa:

- Aprenda a se comunicar e interagir com todos os tipos de personalidade. É muito mais fácil trabalhar com quem tem a mesma personalidade e os mesmos pontos fortes que você. Porém, para que a empresa tenha sucesso, é preciso ter dirigentes e funcionários com diversos tipos de personalidade. Pessoas diferentes trazem diferentes pontos de vista. Essas diferenças, em geral, são fundamentais para a resolução de problemas e assistência ao cliente.
- Em alguns casos, estilos diversos podem causar problemas. Contudo, é preciso que os funcionários aprendam a acatar diferentes pontos de vista, pois, assim, trabalharão melhor com colegas, gerentes e clientes.

Depois, veio o alvará. E dinheiro saindo pelo ralo: 250 dólares aqui, 1.000 ali. Ao mesmo tempo, procurava dirigir o salão em um espaço que se tornou pequeno. Tínhamos certeza de que a prefeitura queria fazer de tudo para que desistíssemos.

Minha avó tinha um restaurante e perdeu o imóvel para a prefeitura. Depois disso, jurei que nunca iria deixar que o mesmo acontecesse comigo. Não podia desistir.

Houve mais reuniões, exigências, e passamos por muitas provações. Estava cansada demais. E grávida. Meu filho tinha problemas na escola. Pensei que fosse meu fim.

Aí, meu marido quis desistir. Sempre rezamos muito. Nós perguntávamos a Deus: Se Ele queria que o terreno fosse nosso, por que havia tantos problemas? A resposta foi "continue". Foi o que fizemos. Mantivemos a fé.

Finalmente! Eles não podiam mais nos "pegar". Nada mais de pagar antes, aprovar depois. Acabaram os aborrecimentos. Enfim o terreno era nosso!

Agora tenho um ótimo imóvel com estacionamento e jardim. Há uma bela recepção, escritório e sala de massagens. Depois de todo estresse, dos aborrecimentos e de tudo o mais por que passamos, ainda posso dizer que foi uma bênção. Ainda me lembro dessa época difícil. Embora quisesse ter desistido muitas vezes, minha fé e as preces me fizeram seguir em frente.

## O que aprendi:

- Se deseja muito uma coisa, continue em frente, mesmo que pareça que não vai conseguir.
- Prece e fé em um poder superior o ajudarão a chegar lá.

## Aplique estas lições à sua empresa:

- As leis federais, estaduais e municipais podem atrapalhar o cronograma de seus negócios. Entenda a burocracia antes de procurar uma área comercial, fazer uma expansão ou reforma do imóvel, abrir ou mudar uma empresa. Dependendo do tipo de negócio, há alvarás especiais, exigências de estacionamento ou outras questões que

›››

>>>

podem atrapalhar o funcionamento da empresa. Isso evitará que o impeçam de abrir, ou, pior, que você seja obrigado a fechar a empresa por estar em desacordo com a lei.

# Case 28

# NÃO DEVIA TER FEITO DO *HOBBY* UM NEGÓCIO

**BEVERLY VAN HORN**

Vendemos nosso jornal por um bom dinheiro. Precisava arrumar emprego porque estava com quarenta e cinco anos de idade e sabia que a receita obtida com a venda seria suficiente para sobreviver apenas durante dez anos. Meu marido, vinte anos mais velho, achava que em dez anos já estaria morto, então não se preocupava.

Em um verão, passávamos férias no Colorado e meu marido viu uma galeria de arte indígena prestes a fechar, e o imóvel à venda. Ele achou que eu poderia abrir minha própria empresa porque sempre adorei arte nativa americana e já havia dirigido uma loja de presentes durante uma temporada de verão.

Não tinha plano de negócios e ninguém nunca pediu um. O banco que me emprestou dinheiro para abrir a empresa já me conhecia por causa do nosso jornal. Confiavam em mim e me emprestaram o dinheiro para a compra do imóvel sem perguntas a respeito do novo negócio. Assinei uma promissória com juros de 16%, sem ideia do que estava fazendo.

Inaugurei a loja no Colorado que ficaria aberta apenas na temporada de verão. Nesse período, resolvi vender roupas, pois parecia ser um bom complemento para as joias.

No inverno, voltamos a Tucson, nossa terra natal. Quando dei por mim, estava com dois negócios de meio período em dois locais diferentes. Enquanto estava no Arizona, comecei a fazer exposições na casa de clientes, onde, além de exibir as joias, contava como eram feitas e como comprá-las.

Abri minha primeira empresa em 1991, fazendo algo que sempre fiz na vida... exercício. Sem esforço, comecei a trabalhar como *personal trainer* para uma amiga e vizinha. Era divertido ganhar dinheiro fazendo algo de que gostava. O melhor era que ela também gostava e fez propaganda boca a boca para amigos. De repente, tinha muitos clientes e um negócio em ascensão. Depois descobri a ioga e decidi abrir uma academia de ginástica e ioga. Mais tarde, assumi a escola de ioga de uma grande academia.

***Para ser bem-sucedido nos negócios, é preciso saber lidar com números.***

O maior desafio era que não conhecia outros empreendedores. Todos os meus amigos tinham empregos com benefícios e não sabiam nada do setor empresarial. Não entendiam meus problemas nem por que trabalhava tanto. Às vezes, trabalhava doze horas por dia, sete dias por semana. Havia semanas em que dava quase trinta horas de aulas de ioga.

Deveria existir em algum lugar um sistema de apoio para empreendedores sobrecarregados como eu. Sabia que tinha de encontrar um grupo como esse ou não teria como manter a empresa por muito tempo. Mas onde? Procurei em toda Los Angeles uma associação de mulheres empreendedoras e descobri algumas organizações profissionais. Mas, para mim, elas estavam se esquecendo do principal: apoiar e ajudar umas as outras. Parecia que o propósito era trocar cartões de visita e referências. Não era isso que eu procurava. Queria achar um grupo de mulheres que desse suporte a meu trabalho e que me mantivesse empolgada e motivada a continuar.

Nesse período, em 2000, tinha três anos de experiência como líder de uma associação feminina de fins não profissionais. Sendo assim, decidi combinar minha capacidade de liderança a meu desejo de uma associação comercial e formei um grupo. Na primeira quinta-feira de cada mês, comecei a convidar algumas amigas para trocarmos ideias. O engraçado é que nenhuma das que vieram na primeira reunião em abril de 2000 era empresária; elas só queriam sair para comer comida chinesa.

Mantive firme a minha intenção, e disse a elas que gostaria de fazer essa reunião todos os meses para conversar sobre empreendedorismo. Imaginava que de cinco a dez pessoas proporiam questões para discussão e assim se ajudariam. De qualquer maneira, continuei a fazer as reuniões na primeira quinta-feira do mês. Quatro anos depois, sem *marketing* nem propaganda, temos mais de quinhentos membros e quatro filiais da organização feminina chamada Network for Empowering Women Entrepreneurs[7] (mais comumente chamada de NEW Entrepreneurs ou só NEW). Hoje em dia, tenho um jantar marcado toda primeira quinta-feira do mês com setenta e cinco empresárias bem-sucedidas, cheias de energia e com quem partilho ideias.

Entretanto, existe a parte difícil. Enquanto a NEW crescia, a academia de ioga operava com um prejuízo de 3.000 dólares por mês. Tinha custos mensais de 10.000 dólares para manter as portas abertas, sem contar o meu pró-labore e o salário do meu marido, que me ajudava na administração. A receita bruta mensal era de cerca de 7.000 dólares por mês. Viver com um déficit mensal de 3.000 dólares nos levou a um ponto em que era preciso que alguém assumisse o aluguel ou fecharíamos as portas e pediríamos falência.

Felizmente, em outubro de 2002, encontramos pessoas dispostas a comprar a academia por alguns milhares de dólares. Negociamos e, assim que estávamos prontos para assinar o contrato, eles descobriram algo que nem eu sabia quando assumi a empresa: o imóvel não tinha alvará de funcionamento para uma academia de ioga. Não conseguimos o alvará porque não tínhamos espaço suficiente para estacionamento, o que era uma das exigências da prefeitura. Depois de sete meses de negociação, e perdendo 3.000 dólares por mês, não conseguimos chegar a um acordo com os compradores e eles desistiram do negócio. Estava arrasada e esgotada.

Uma parte da minha vida era mais estressante do que você pode imaginar, ao passo que a outra via a empresa que amava crescer cada vez mais. Foi um ano interessante, emocionante e arrasador.

Felizmente, um comprador assumiu a empresa um dia antes de fecharmos as portas e pedirmos falência. Ainda bem que a academia de ioga é hoje só uma lembrança. Ter aquele negócio foi, de longe, a época mais difícil da minha vida. Às vezes, me pergunto como meu marido e eu conseguimos. Graças a Deus, temos um ao outro. Acho que não teria conseguido passar por essa experiência terrível sozinha.

Quando relembro essa época, é quase impossível acreditar que só faz um ano. Agora, só cuido da NEW, o que adoro fazer. Ela continua a ter um crescimento inesperado e magnífico. Às vezes, é tão bom que tenho de me beliscar para acreditar que é verdade. Ganho muito mais, fazendo o que gosto e que em nada se parece com trabalho. O melhor de

[7] **N. da T.:** Pode ser traduzido como Associação para a Autonomia das Mulheres Empresárias.

o empréstimo, é a experiência que conta", mantive o foco e ofereci a meus clientes os melhores serviços na área de financiamento imobiliário.

Deu certo. Em 1995, durante o pior período do ramo hipotecário, tive a oportunidade de comprar uma parte da empresa hipotecária em que trabalhava. Aproveitei a oportunidade e minha empresa se tornou uma representante (semelhante a uma franquia) da Hammond Company. Enquanto o caos reinava e outras empresas eram fechadas, para minha companhia, 1995 foi um dos melhores anos em termos de crescimento.

Tinha uma equipe fabulosa e ficávamos de olho no mercado. Nosso foco primordial era nossa mensagem: "Colocamos você em casa", que se tornou um *jingle* nos anúncios radiofônicos e na mídia impressa. E acabou se tornando nosso nome. Também mostramos nossas diferenças com relação à concorrência; cuidávamos de verdade de cada cliente e sua situação. Sabíamos que, se fornecêssemos um excelente serviço, teríamos o cliente para sempre e não apenas para um negócio.

***Se não gosta do que faz, é melhor fazer outra coisa!***

Durante os quatro anos seguintes, tivemos nossa parcela de frustração quando as empresas afiliadas passaram por diversas mudanças. Em uma delas, o diretor se aposentou. Outro decidiu que não queria ficar no ramo hipotecário e saiu. A terceira passou por dificuldades financeiras e quase foi à falência, levando a gente com eles. Todavia, continuamos com as mensagens "colocamos você em casa" e "não é o empréstimo, é a experiência que conta", e conseguimos passar por essas mudanças e oscilações.

Cada mudança trouxe um novo nome operacional, o que ficava caro e confuso para os clientes. Finalmente, resolvi arriscar e abrir minha própria empresa. A IntoHomes, LLC foi fundada em 26 de junho de 1999. Fiz questão de que minha empresa ficasse conhecida na região norte de Nevada. Gastei somas astronômicas em propaganda, criação de *web site* e mala direta. Deu certo: estávamos ficando conhecidos. Queria expandir a empresa exponencialmente. Mas, para isso, estava criando um endividamento enorme.

Três anos atrás, decidi trazer novos investidores à empresa. Os advogados prepararam os contratos, que estavam prontos para serem assinados, quando um grande banco se instalou na cidade e, ao oferecer salários milionários, começou a recrutar meus melhores funcionários. O mercado nunca vira uma expansão semelhante; era parecida com o frenesi das empresas de internet nos anos noventa. Fizeram ofertas absurdas ao meu pessoal que eles simplesmente não podiam recusar nem eu podia cobrir.

Um a um, os membros da minha equipe começaram a sair. Para os investidores, em um período curtíssimo de tempo, passei de dono de uma empresa lucrativa para uma empresa com o ativo que se evaporava rapidamente. Tive uma reunião bastante difícil com os investidores e contei o que estava acontecendo. A resposta deles foi bastante animadora: "Investimos em você e confiamos no seu trabalho. Não vemos problema se precisar enxugar e recomeçar".

Voltei para a empresa e disse aos funcionários remanescentes: "Pessoal, se a equipe ficar reduzida a cinco pessoas, vamos reconstruir o negócio com aqueles que quiserem ficar e continuar parte desse time". Chegamos a ter apenas treze funcionários de um total de trinta.

Conseguimos. Foram dois anos bem difíceis desde o contrato de parceria; durante esse período, a equipe voltou a ter vinte e oito pessoas. Hoje, estamos com dezoito e a meta é voltar lentamente a vinte e cinco. No geral, o foco nos negócios nos impulsiona e, agora que a poeira assentou, este ano parece que será ótimo. Os investidores estão contentes com o retorno, e estamos felizes com nossa qualidade de vida. Percebi que, embora difícil, mudar sempre faz bem.

## O que aprendi:

- É preciso concentração, tenacidade e certeza no sucesso. Coisas boas acontecem. Mantenha o foco em suas metas: eu concentrei a atenção da minha equipe em "colocamos você em casa" e "não é o empréstimo, é a experiência que conta". Se não gosta do que faz, é melhor fazer outra coisa!
- Como presidente e dirigente, meu comportamento e atitude determinam o clima da empresa. Cabe a mim manter, o máximo possível, uma atitude positiva e didática. Quando estou otimista e feliz, meu pessoal também está. Quando estou frustrado e triste, a tensão aumenta, o que é prejudicial para a empresa.

## Aplique estas lições à sua empresa:

- É fundamental ter foco. Implemente o plano de negócios com um olho na economia e outro na concorrência. Se isso causar preocupação tanto em seus gerentes e funcionários quanto em você, é sua

>>>

>>>

empresárias, que oferece financiamento. Como presidente e diretora da empresa, iria correndo pedir um financiamento da próxima vez.

- Eu faria mais coisas por conta própria no começo. Não fomos nós que fizemos o *marketing* e a propaganda, embora eu tivesse trabalhado em uma agência de propaganda em Nova York. Ninguém conhecia melhor esse negócio do que eu naquela altura e poderia ter feito tudo.
- Explore métodos alternativos. Não confie em ninguém antes de pesquisar bem. Entregamos tudo a pessoas não confiáveis.
- A experiência fortaleceu nosso casamento.

## Aplique estas lições à sua empresa:

- Quando começar um negócio, faça por conta própria o máximo que puder. Economizar o caixa é fundamental. Se o projeto exigir seu tempo ou dinheiro, melhor levar seu tempo. Com certeza, tudo ficará pronto em tempo, com o mínimo de despesas.
- Há diversas fontes de financiamento para todos os tipos de empresa, desde as recém-abertas até as estabelecidas. O gerente do banco, contador ou consultor financeiro pode ajudá-lo a localizar fontes não tradicionais. Explore todas as possibilidades. Determine o que você está disposto a usar como garantia para o crédito e quanto do controle está disposto a abdicar (se apropriado) pelo empréstimo. Não importa de quem venham os fundos, faça questão de que ele ajude a empresa com algo além de recursos; talvez consultoria operacional. Caso este não ajude diretamente, peça-lhe pelo menos uma indicação. Entretanto, a maioria só faz isso quando se pede.
- Uma observação: mantínhamos o bom humor apesar de todo o estresse durante o processo de falência. Com o pedido de falência, é comum receber ligações de financeiras oferecendo soluções. Um jovem viu meu nome na lista dos inadimplentes e me ligou. "Posso economizar centavos para a senhora. Com meus serviços, não será preciso pedir falência."

  Eu disse: "Puxa, que maravilha".

  Ele respondeu: "Quanto a senhora deve?".

  Eu disse: "Incluindo tudo, acho que uns 378.000 dólares".

  Silêncio do outro lado da linha. No fim, ele disse: "Isso é mais do que um quarto de um milhão de dólares".

>>>

>>>

"Sim, senhor."

E a resposta: "Ah, querida, vá em frente e peça falência: ninguém pode te ajudar!".

# Case 32

## A EMOÇÃO ATRAPALHOU

**DONNA FOX**
Presidente, *By Special Arrangements, Inc.*

Crises financeiras sempre me deram pânico. Minhas empresas passaram por alguns graves prejuízos e nem liguei, mas bastava ficar com uns trocados na conta-corrente para me apavorar. Imagine só. Da última vez, corri ao banco e saquei dinheiro do cartão de crédito até conseguir vender alguns bens. Lição aprendida: lembre-se de tirar seu pró-labore!

Provavelmente, o mais difícil de ser empresário é dar conta de tudo. Nem lembro quantas vezes deixei de pagar minhas contas pessoais porque pensava primeiro nas contas da empresa. Como administro várias empresas, manter tudo em ordem é o maior desafio que enfrento.

Depois que terminei a faculdade de Direito, não tinha nada além de muitas dívidas. Primeiro, vendi a alma trabalhando em um escritório de advocacia durante alguns anos. Escolhi essa profissão com o objetivo de ajudar as pessoas, mas logo percebi que as coisas não funcionam assim, embora tenha trabalhado em várias áreas do Direito.

***Se um negócio parece muito bom para ser verdade, provavelmente é.***

Pensava em me acomodar no serviço público para, pelo menos, me sentir melhor com a minha profissão. Porém, fiquei chocada ao saber que o salário não era essas coisas: os proventos giravam em torno de 24.000 dólares por ano. Como estava me divorciando, sabia que não poderia me sustentar com esse salário.

ação. Contatei os hóspedes para informá-los do ocorrido e aconselhei-os a ligar para a companhia aérea. Logo, ficamos sabendo que todos os aeroportos estavam fechados.

Resolvi não cobrar as diárias de hóspedes que não conseguiram sair, mas tentei ajudá-los a voltar para casa. Conseguimos alugar um carro para um grupo voltar para o Meio-Oeste.

Sabia que os negócios iriam piorar bastante e precisava fazer alguma coisa. Nossa empresa solicitou uma reunião e, nove dias depois do 11 de setembro, fomos de avião até Cleveland para decidir sobre um corte drástico de custos. Infelizmente, isso era particularmente difícil para um hotel recém-inaugurado, em virtude das expectativas com sua abertura.

Fizemos reuniões com os funcionários para informá-los sobre o que estava acontecendo. Quando começamos a formular nosso programa de redução de custos, tivemos de ser bastante honestos. O mais triste foi o fato de haver muitos funcionários com pouco tempo de casa e que, portanto, não tinham direito ao seguro-desemprego.

Tentamos rodízio e redução de horas ao máximo; porém, a certa altura, fomos obrigados a fazer algumas demissões. Acabamos cortando serviços e horas do saguão, do restaurante e da recepção. No final, tive de demitir 20 a 25% da equipe, o que não foi nada agradável. Essa foi a parte mais difícil.

Seja como for, conseguimos sobreviver a setembro. Mas só chegaríamos a outubro se o hotel estivesse em melhor forma. Em outubro, ocorre a maior exposição de barcos do mundo e, consequentemente, há um fluxo maior de visitantes precisando de hospedagem. Estávamos bastante preocupados porque o número de reservas era pequeno e havia pouca gente chegando. No fim, foi uma boa semana, o que nos deu um pouco de alívio e esperança.

Novembro não foi um bom mês, mas o Natal foi bastante satisfatório. Conseguimos sobreviver. Mantivemos a flexibilidade, fazendo os funcionários entenderem que, se o cliente quisesse algo, eles mesmos deveriam providenciar ou ao menos fazer um esforço para tal. A maior parte da equipe entendeu a situação. Como muitos funcionários não queriam mais demissões, alguns tiravam uns dias de folga para permitir que outros trabalhassem. Isso me fez sentir bem.

Cerca de um ano depois, tive a oportunidade de presidir a associação de hotéis. Depois de ter aberto o hotel em junho de 2001 e passado pelo 11 de setembro, resolvi sair do ramo hoteleiro. O hotel ainda está aberto e os negócios vão bem.

## O que aprendi:

- Aja imediatamente. Os gerentes e eu nos reunimos na tarde de 11 de setembro e começamos a planejar.
- Fique com um olho no futuro e outro no presente. Atendemos rapidamente os clientes, mas colocamos os planos em prática na semana e meses seguintes.

## Aplique estas lições à sua empresa:

- Identifique o melhor momento para implantar os planos de emergência e parta para a ação. As decisões mais difíceis salvarão seu negócio.
- Passar por uma crise emergencial fará com que reconheça a próxima, se acontecer. Estará mais bem preparado para lidar com a situação e terá a certeza de que poderá superá-la.

## Case 34

# NÃO BASTOU O *DUE DILIGENCE*[9]

**LARRY DUCKWORTH**

Sou um empresário compulsivo. Passei a vida procurando o valor oculto de empresas de tecnologia que pode ser divulgado para aumentar o valor para o acionista. Encontro a equipe certa para me ajudar nisso. Depois, bato em retirada com uma boa taxa de ganho sobre o preço e bons retornos para os acionistas... muitas vezes, para a concorrência, nos tornamos uma verdadeira ameaça.

[9] **N. da T.:** O processo de *due diligence* constitui-se na análise e avaliação detalhada de informações e documentos pertinentes a uma determinada sociedade e/ou seu ativo, podendo assumir enfoque contábil ou jurídico.

A cada semana que passa, conseguimos clientes novos e satisfeitos. A cada semana, nos transformamos em uma ameaça à concorrência. A cada semana, diminuímos a dependência de um único grande cliente, que será sempre importante para nós, não importa o quanto cresçamos. Nunca esqueceremos nossos amigos.

Sobreviveremos? Não sei. Entretanto, as chances são meio a meio. E como empresário, odeio perder.

## O que aprendi:

- Como líder, acho bom o estresse, pois nos mantém alertas e focados, o subconsciente trabalhando e o espírito das pessoas lutando na mesma direção. Definitivamente, não somos complacentes nem indiferentes.
- Deveria sempre escutar minha intuição.
- Dou às crises sua dimensão real. Quando alguém grita comigo ou faz uma bobagem que custa dinheiro ou um contrato, lembro-me do meu tempo no exército, quando sofria uma tensão ainda maior. Nada na vida empresarial tem sido tão ruim quanto uma situação de risco de vida. Isso sim é tensão.
- Embora, em minha opinião, tenha feito meu trabalho direito e formulado as perguntas certas, sempre existem coisas que não se enxerga até chegar às trincheiras. É preciso muita habilidade para lidar com as crises que surgem. Água gelada nas veias e frieza sob o fogo (é meu traço genético) são essenciais para manter o pensamento claro e a equipe focada, otimista e desempenhando bem.
- E é bom lembrar a frase atribuída ao General Patton[11]: "O segredo da vitória é não perder!".

## Aplique estas lições à sua empresa:

- Sempre peça a opinião de gerentes e funcionários. Por experiência própria, eles conhecem os clientes com quem já trabalharam. Entre-

>>>

[11]**N. da T.**: Famoso e controvertido general americano (1885-1945), comandante do terceiro regimento americano na II Guerra Mundial.

>>>

tanto, é sua a palavra final e também a responsabilidade pela decisão. Analise bem a situação e pense nas consequências desejáveis e indesejáveis de suas ações. Depois, se seu instinto disser para fazer algo diferente do que lhe recomendaram, siga sua intuição e vá em frente.

- Caso boa parte do faturamento da empresa dependa de um só cliente, o medo de perdê-lo pode levá-lo a concordar com suas exigências, mesmo que estas o façam perder dinheiro. Não tenha medo de negar exigências que lhe trarão prejuízo. Caso contrário, elas podem tirá-lo do mercado.

## Case 35

# DEIXEI A COBIÇA SOBREPOR O BOM SENSO

**ANÔNIMO**

Vou contar o pesadelo de todo empresário. Estava no aeroporto lendo uma revista e um artigo me chamou a atenção. Era algo assim: "Ganhe 1 ou 2 milhões". Era uma revista de negócios respeitável. Normalmente, nunca leio esse tipo de coisa, mas, por alguma razão, rasguei a folha e a levei comigo. Quando cheguei em casa, telefonei.

O negócio anunciado era sobre Clínicas de Reabilitação de Pacientes Externos ou CRPEs. O atendente me disse que tinha sido criado na cidade onde eu morava. Senti-me um pouco mais à vontade e perguntei sobre o negócio.

Ele explicou o que eram os CRPEs e disse que a localização geográfica em que me encontrava cuidaria de três filiais. E que seria possível eu abrir uma a algumas horas de onde morava. E explicou ainda que a empresa sabia como escapar da burocracia e que, a propósito, era muito lucrativa.

Um médico seria nomeado como diretor clínico, mas não trabalharia para mim em base integral; apenas revisaria os fluxogramas etc.

da minha região e ela me pediu para ficar com a sua clínica, pois tinha investido 500.000 dólares nela e estava perto da falência.

Então, fui a um advogado tentando descobrir como recuperar os 250.000 dólares que estavam com eles.

Em primeiro lugar, minha mulher me deu muito apoio. Enquanto conversávamos sobre o que fazer, ela disse: "Esse é o tipo de gente com quem quer fazer negócios?". Percebi na hora que ela tinha razão. Não conseguia mais pensar direito.

Enviei a eles uma reclamação por escrito, pedindo meu dinheiro de volta. Claro que não recebi. Com meu amigo Charlie estava acontecendo o mesmo, só que ele tinha investido apenas 165.000 e não 250.000 como eu. O processo envolveu quase quarenta pessoas.

A empresa foi à falência e acho que as chances de eu ver a cor do dinheiro são praticamente nulas.

## O que aprendi:

- Foi um período inacreditável. Sou a favor de pedir conselhos e sempre fiz isso ao longo da minha carreira. Conversei com pessoas diferentes. Parte do problema foi que fiquei entusiasmado e empolgado demais, e comecei a convencer todos com quem conversava de que era um excelente negócio.
- Perdi por causa da cobiça. Fiquei tão empolgado com a perspectiva de ganhar muito dinheiro que comecei a encontrar desculpas para eles sobre por que isso ou aquilo não fazia sentido. Acho que fui o principal motivo de ter perdido o negócio. Não via a hora de abrir uma ou mais filiais pensando que tinha tirado a sorte grande. Isso ofuscou meu julgamento.
- O sinal vermelho foi ser impedido de conversar com outras pessoas. As quatro que visitamos eram pagas para fazer parte do esquema.
- Do meu ponto de vista, jamais tinha sido roubado. Havia algumas empresas que não pagaram o que me deviam, mas foram incidentes menores. Jamais havia tratado com pessoas tão desonestas e espertalhonas.
- Amadureci como empresário. Agora, pesquiso e analiso mais, o que leva tempo. Se for uma boa oportunidade, ela continuará lá, esperando por mim. Se tivesse pesquisado mais um mês, não teria perdido os 250.000 dólares.

>>>

>>>

- Não adianta chorar o leite derramado. Sempre achei isso. Em alguns momentos, ficava mais chateado com o ocorrido; hoje, porém, vou tocando a vida porque não há nada que possa fazer.

## Aplique estas lições à sua empresa:

- Quando o desejo pelo dinheiro é a única razão para se abrir um negócio, é provável que ele não dê certo. Por quê? Porque a emoção se sobrepõe à razão. Dê um passo para trás e analise a oportunidade de negócio racionalmente, sem se deixar levar pelo sentimento. Se parecer muito boa para ser verdade, provavelmente é. Entretanto, se perceber que está ficando cego pela emoção, provavelmente vai desperdiçar seu dinheiro.
- Analise bem as oportunidades de negócio. Além de conversar com quem o propôs, procure um profissional do mesmo ramo para se aconselhar. Observe a coisa de outro ângulo. Os empresários de outro ramo provavelmente lhe dirão a verdade se você disser que está pensando em entrar para um negócio. Certifique-se de que é isso o que gostaria de fazer do ponto de vista lógico e não emocional.

# Case 36

# UM FUNCIONÁRIO-CHAVE SAIU

**RYAN ALLIS**
Diretor-presidente, *Broadwick Corporation*

Trabalhei para uma empresa na Flórida que vendia produtos nutracêuticos ou funcionais. Tínhamos uma lista de 60.000 assinantes. Na época de envio dos informes mensais, o computador precisava ficar vinte e quatro horas dedicado a isso. Deveria haver uma maneira melhor de fazer isso.

>>>

tes atuais (com a permissão deles), mostrando maneiras únicas e diferentes de usar seus produtos e serviços. Isso ajuda a empresa a "manter contato" e aumentar as vendas.

## Case 37

# MINHA INTUIÇÃO DIZIA QUE HAVIA ALGO ERRADO

**MONICA Y. JACKSON**

Trabalhei com ciência da computação por mais de quinze anos em grandes empresas. Comecei a ficar entediada e decidi criar uma consultoria de sistemas. Queria conhecer diferentes organizações e empresas e trabalhar em diversos tipos de projeto, e não em um específico.

Comecei a escrever artigos e colunas para vários jornais e revistas. Uma amiga contou que tinha um amigo interessado em fazer uma revista. Ele já tivera outra revista. Aí, eu me perguntei: "Escrevo para todas essas revistas. Por que não ter a minha?".

***Siga a sua intuição, mesmo que a pessoa pareça interessante e convincente.***

Encontramo-nos. Ele era bastante articulado, inteligente e bem-apessoado, e parecia ser muito conservador. Nem me preocupei em checar suas credenciais ou carreira (como faço normalmente) por causa das referências da minha amiga que o conhecia havia uns oito anos, na época. Além disso, ela já tinha trabalhado com ele.

Queria fazer uma revista com foco em celebridades. Esse homem trouxe uma amostra da revista que tinha começado, mas que não era exatamente o que desejava: carros e mulheres seminuas. Mas isso não ocorre por acaso. Esse foi o primeiro sinal vermelho a que não dei atenção. Ainda me sentia à vontade com ele, porque sabia que era algo que desejava muito fazer e ele tinha o conhecimento para me ajudar a chegar lá.

Ele me propôs o cargo de editora e redatora-chefe da revista, em bases autônomas. Eu teria de fornecer todo o conteúdo. Basicamente, seria minha a revista, ele só ia investir. Aceitei.

Na verdade, redigi um contrato para cada uma das histórias que escrevi e ele assinou. Cada contrato cobria o perfil da celebridade, honorários pela redação e edição e despesas de viagem.

Estava indo para Detroit, Michigan, para fazer uma entrevista. Ele fez todos os preparativos: avião, hotel e automóvel. Quando estava pronta para ir ao aeroporto, recebi uma ligação informando que o cartão de crédito tinha sido recusado. Imediatamente, recebi um telefonema dele dizendo que me traria dinheiro, pois não sabia qual era o problema com seu cartão de crédito. Eu disse que cancelaria a entrevista caso os preparativos não estivessem OK. Ele foi até minha casa e me entregou 1.200 dólares em espécie para pagar a passagem aérea e o aluguel do carro. Felizmente, o hotel tinha sido pago (com o cartão de crédito da irmã dele, confessou depois). Fiquei desconfiada, mas depois esqueci, já que faltavam duas horas para o embarque.

As fotos e entrevistas com três celebridades ocorreram como planejado. Quando termino um trabalho, emito uma fatura imediatamente, mas, como estava ocupada, só fui fazer isso três semanas depois. Esperei trinta dias pelo pagamento, conforme estava no contrato. Nesse tempo, já tinha terminado de escrever todas as reportagens.

Bom, trinta dias se passaram e nada de pagamento. Ele disse que estava muito ocupado. Nesse meio tempo, tive de pagar os editores, redatores, fotógrafos e outros profissionais que trabalharam comigo. A fatura chegava a 30.000 dólares.

Nesse ínterim, recebi uma ligação: "Obrigado por ter ficado com meu emprego de editor-chefe. Gostaria de informá-la que esse cara não paga ninguém".

Então liguei para o cavalheiro com quem trabalhava, contei que tinha recebido esse telefonema e perguntei: "Afinal, o que é isso?". Ele respondeu que era um funcionário descontente. Daí eu disse: "Você não me pagou ainda, então é um pouco verdade?". Meu instinto dizia que sim.

Decidi que não queria mais negócios com ele e escrevi uma carta cancelando nosso acordo. Ele continuou ligando, dizendo que não entendia por que tinha saído da empresa dessa maneira. Disse que não saí da empresa, na verdade. Era *freelancer* e não tinha recebido pelo meu trabalho.

>>>

contato com o de contas a pagar do cliente para saber como eles querem receber a fatura. Se forem necessárias assinaturas específicas, cópias das ordens de compra ou outro documento, é melhor saber antes de faturar do que trinta dias depois. Além disso, se houver problemas com a cobrança, é melhor ter uma boa relação profissional com o cliente antes que surjam problemas.

## Case 38

# FAZIA TUDO SOZINHO

**PAT MURPHY**

Desde criança atuei no ramo de sistemas de aquecimento e ar-condicionado. Meu pai abriu uma empresa em 1952 e meu irmão e eu começamos a trabalhar com ele aos cinco anos de idade. Queria comprar a firma do meu pai, mas ele insistiu para que meu irmão fosse meu sócio. Recusei porque, além de alcoólatra, não era muito trabalhador. Em suma, era um peso morto e eu não queria uma corda no meu pescoço.

Assim, depois de muitas desavenças e ultimatos da parte do meu pai, abri minha própria empresa em 1.º de setembro de 1984. Afinal de contas, estava com trinta e quatro anos, era jovem e podia tudo. Tinha formação em Finanças, sabia como precificar e tinha conhecimento técnico. Que dificuldades poderia haver? Logo percebi que não era tão fácil quanto pensava.

Em setembro de 1984, era o único funcionário e tinha um único cliente: um empresário da cidade de Jersey que me conhecia. Assim, tive trabalho logo no início, mas, infelizmente, sem dinheiro no banco, estava super alavancado. Isso eu sabia.

Continuava a me perguntar: "Você consegue fazer o trabalho? Consegue concluí-lo pelo preço que pediu?". Enquanto eu fazia o serviço, tudo ia bem. Os problemas surgiram quando comecei a terceirizar.

Ingenuamente, precifiquei meu trabalho à taxa que eu levaria para fazê-lo. Afinal de contas, pensava, todos têm a mesma ética profissional. Contratei pessoas supondo que fariam o serviço no mesmo padrão que eu – na minha velocidade e com a mesma qualidade. Esse foi meu maior erro.

Passei muito tempo trabalhando à noite. Um serviço não me sai da cabeça: fui para casa, jantei e, enquanto via minha filha jogar bola, fiz toda a planta para um prédio comercial. O encanamento estava projetado, o pedido feito e os materiais, entregues. Dei a um dos meus funcionários a planta que desenhei exatamente como queria que o serviço fosse feito. Tudo estava lá. Dois dias depois, fui à obra e havia três vezes mais equipamentos. Ele resolveu alterar o projeto porque não estava a fim de seguir a planta. Decidiu que o serviço sairia melhor assim e gastou duas vezes mais.

Então, o que fiz? Despedi-o e disse: "Não preciso que você mude o meu projeto. Além do mais, consigo fazer essa droga de encanamento mais rápido que você". Provei a ele e, talvez, mais a mim mesmo que podia.

Estava em uma situação desfavorável. Precisava de mais serviço, mas não podia pegá-lo, porque estava trabalhando. Corria em círculos. Fazia bem o trabalho. Entretanto, não tinha tempo para continuar fazendo-o com qualidade. E, se delegasse, o serviço não seria benfeito, e, quanto mais trabalho conseguisse, pior ficaria.

***Se você tentar fazer tudo sozinho, vai acabar em uma encruzilhada: consegue vender um serviço e depois tem de fazer o trabalho.***

Minha mulher era responsável pela administração. Infelizmente, pelejava com os números e, quando não batiam, ela não mostrava para não me incomodar. A coisa toda virou uma bola de neve. E eu, que pensava que as finanças estavam bem, acabei descobrindo que a empresa estava em um buraco.

Resolvi enxugá-la diminuindo os funcionários de dez a doze para dois. Parecia ser a solução, mas não era. Não conseguia me sustentar com o endividamento contraído quando era uma empresa um pouco maior.

Sobrevivemos. Quando fechei a empresa, a dívida atingia pelo menos um quarto de milhão de dólares. Rezei muito. Aprendi como era difícil conseguir dinheiro para a folha de pagamentos, os impostos, os juros e tudo o mais.

Concluí cada serviço que peguei, mas eles me custaram a empresa.

A empresa sobreviveu cerca de dez anos. Comecei a diminuir os negócios entre 1991 e 1992, bem cônscio de que estava alavancado demais e com uma dívida até as orelhas por causa disso. Não fazia mais sentido continuar. Tinha dois filhos e precisava de receita. A empresa não gerava caixa suficiente para comer e manter um teto sobre nossa cabeça. Comecei a dar aulas, o que me levou a um caminho diferente. Em 2004, paguei a última prestação da dívida.

## O que aprendi:

- Os ativos mais importantes de uma empresa são seus funcionários. Naquela época, vinte anos atrás, não tinha a mínima capacidade de escolher os melhores ativos. Fiz o que todo o mundo faz: precisava de gente, qualquer um, soubesse ou não fazer o serviço, e aí é que moram os problemas. A produtividade diminuiu. É preciso ter o funcionário certo para o trabalho.
- É preciso uma equipe de apoio.
- É preciso um apoio financeiro.
- Se eu montaria outro negócio? Claro que sim. Mas, definitivamente, planejaria mais antes de fazê-lo e nunca sem um apoio financeiro. E me cercaria de uma série de mentores para trocar ideias.

## Aplique estas lições à sua empresa:

- Se você tentar fazer tudo sozinho, vai acabar em uma encruzilhada: consegue vender um serviço e depois tem de fazer o trabalho. Quando um trabalho termina, não há nada a fazer até que se consiga outro: ou seja, quando vende não produz e quando produz não vende. Essa situação pode deixar um empresário esgotado e, em última instância, destruir seu negócio.
- É preciso um esforço contínuo de vendas e *marketing*, por meio de propaganda, folhetos, prospectos, cartões, cartas ou anúncios enviados aos clientes todos os meses. O segredo é sua continuidade e uma mensagem consistente.

# Case 39

## PERDI 25% DO NEGÓCIO EM UM DIA

**KAREN PRICE**
*Safeguard Business Systems, Inc.*

Minha mãe era cliente da Safeguard e seu distribuidor procurava um serviço de atendimento ao cliente em regime parcial de tempo. Assim, fui trabalhar para ele enquanto cursava meu primeiro ano de faculdade. Em seguida, passei a trabalhar em período integral e cursava Administração à noite, pulando aquelas matérias que pareciam muito básicas.

Quando vi os representantes de vendas da empresa ganharem muito mais do que eu, resolvi tentar a área de vendas. Não terminei a faculdade e o único emprego que consegui sem diploma foi de vendas de seguro de vida. Obtive um desempenho moderado durante dois anos, mas tive bastante treinamento em vendas e experiência. Como meus avós dos dois lados da família tinham empresas próprias, sempre quis ter meu próprio negócio.

***Lucrei mais com os pequenos clientes.***

Quando resolvi mudar para Atlanta, queria comprar uma distribuidora da Safeguard; porém, não havia nenhuma disponível. Então, voltei a trabalhar no escritório como gerente de relacionamento. Quando a região ficou disponível, comprei uma parte das contas existentes. Creio que várias pessoas na alta direção ficaram felizes em me tirar da gerência, pois não sou muito política nem fico de boca calada!

Finalmente, tinha meu próprio negócio. O que me impulsionou, no começo, foi o fato de algumas pessoas acharem que eu não conseguiria. Montei a firma para provar que elas estavam erradas e não para minha própria satisfação.

Um dia, percebi a bobagem que era montar uma empresa para provar algo a outros. Precisava fazer isso por mim. E foi o que fiz. Foi aí que surgiu meu maior desafio.

Um dos meus clientes representava 25% dos meus negócios. O contrato estava para ser renovado e a Safeguard queria fazer alterações inaceitáveis para o cliente. Nada que eu fizesse a faria manter o contrato original. Então, em apenas um único dia, perdi mais de 25% da receita.

Estava simplesmente à mercê da Safeguard, e não podia fazer nada. Era um peixinho no oceano. Ainda precisava comer e manter um teto sobre a cabeça. E manter a empresa em pé.

Tinha de lutar. Disse à equipe que estaríamos em um aperto até a substituição desse cliente. Será que eles tinham alguma sugestão? Acabei percebendo a razão pela qual tive sucesso: em vez de se concentrar em um grande cliente, era melhor ter uma centena de pequenos. Então, contatei meus clientes ativos e prospectei outros. E jurei nunca mais depender de apenas um.

Pouco a pouco, fui recompondo a base de clientes. Olhando para trás, percebo que lucrei mais com os pequenos. E, caso perca um deles, a empresa não será atingida.

## O que aprendi:

- Nunca deixe um só cliente representar mais do que 25% de seu negócio.
- É preciso querer ter um negócio para si e não para provar que pode.
- Depois de perder um grande cliente e conseguir recuperar a empresa com vários pequenos, resolvi me concentrar neles. Não damos um passo maior que a perna: não quero ser uma empresa grande. Somos lucrativos e estou satisfeita com os ganhos. Quero que minha empresa permaneça pequena e que eu não perca o controle dela.

## Aplique estas lições à sua empresa:

- É emocionante conseguir o primeiro grande cliente. Porém, caso represente mais do que 20% da receita da empresa, será perigoso mantê-lo. Para o cliente, isso é ótimo, porque terá todas as atenções. Entretanto, ele pode ditar os termos, diminuindo sua lucratividade.
- Em geral, leva-se tempo para substituir um cliente que represente mais do que 20% do faturamento, o que é um perigo. Como o ciclo de vendas é longo, conseguir outro cliente pode levar meses. Mesmo com boa reserva de caixa, o dinheiro poderá acabar até conseguir outro grande cliente.

>>>

>>>

- Assim que consegui-lo, procure um segundo, um terceiro etc., para que nenhum deles represente mais do que 20% das vendas. Ou seja, caso perca um cliente, sua empresa não correrá risco de fechar.

## Case 40

# O RAMO EM QUE ATUAVA ERA PREDOMINANTEMENTE MASCULINO

**BILLIE REDMOND**
Diretora-presidente, *Coldwell Banker Commercial TradeMark Properties, Inc.*

O ramo imobiliário já foi predominantemente masculino. Quando comecei, vinte anos atrás, não havia mulheres e, durante muito tempo, os homens dominaram. Esta é a minha história.

Meu pai era empreiteiro e adorava construção. Estava acostumada com a parte comercial do negócio. Trabalhava para um grupo médico como gerente administrativa e vários médicos tinham investimentos imobiliários. Eu os ajudei com seu primeiro empreendimento imobiliário comercial e percebi que adorava fazer isso. Fui fisgada.

Conheci dois cavalheiros, Don Watson e Alton Smith, que eram estabelecidos e gozavam de boa reputação no ramo imobiliário residencial. Eles queriam abrir uma imobiliária comercial e concordei em me juntar a eles nesse empreendimento. Juntos, abrimos a Commercial TradeMark Properties, Inc.

Bem cedo, tive de superar os desafios de ser mulher e, ainda por cima, *mignon*. Minha constituição física me rotulava como uma pessoa facilmente intimidada e manobrável. Meus concorrentes não me viam como alguém a temer ou com quem competir, então me ignoravam. Isso se tornou uma vantagem.

Apesar de a concorrência me ignorar, meus sócios tinham confiança em mim, porque viam e acreditavam em minha forte ética profissional. As decisões importantes foram deixadas para eles. Meu ponto forte era saber comunicar o que estava ocorrendo. Sabia quando tinha de recorrer à sua experiência e pedir seu apoio e eles sabiam quando meus motivos eram genuínos. Apoiavam minhas decisões, mesmo nos poucos casos em que não concordavam comigo.

A folha de pagamentos sempre foi meu maior pesadelo. No começo, pensava estar muito perto de fechar as portas da empresa. Vivia "no limite". De onde virá o dinheiro? Felizmente, meus sócios sempre me lembravam que éramos resistentes e conseguíamos tomar decisões difíceis para superar as crises.

No início, era raro contar aos funcionários as dificuldades que estávamos enfrentando. Entretanto, era preciso que estivessem a par do que acontecia. Tivemos a primeira conversa sobre nossos muitos pesadelos, desde que abrimos a empresa, com a folha de pagamentos.

***Erros acontecem e, apesar deles, é possível sobreviver.***

Reuni os funcionários-chave e pedi ajuda. Discutimos como poderíamos nos afastar dessa situação "limite" e o que fazer para assegurar nossa sobrevivência. Sem exceção, eles nos ajudaram. Eram minha família de verdade e nem sonhando iria fazê-los perder o emprego.

Trouxe um consultor administrativo e de negócios com quem tínhamos uma forte relação. Revisamos toda a situação da empresa e ele me ajudou a reconhecer as decisões que precisavam ser tomadas. Sabia quais eram: só não queria fazer o que era necessário. Elaboramos um processo de revisão empresarial de curto prazo que me ajudasse a avaliar a situação da empresa quase diariamente. Fico satisfeita em dizer que esse processo ainda está em uso.

Sob vários aspectos, fui pioneira. É difícil ser levada a sério quando suas características inatas como sexo e constituição física trabalham contra. Precisava lutar pela minha reputação como profissional e trabalhar mais que o dobro do que quem teve sorte de ter nascido homem. O trabalho precisava ser perfeito, porque a crítica era um fator constante.

A meu favor, tinha a perseverança. Tive sorte de atrair clientes que não tinham preconceito contra a mulher. Trabalhei com clientes que queriam o serviço benfeito, não importava o sexo. Tive a perseverança de continuar a demonstrar que éramos os melhores do ramo e lutei muito para construir e manter nossa reputação. Aprendi a lidar com as crises e, à medida que fomos crescendo, elas se tornaram cada vez mais raras.

Com muito trabalho e dedicação à qualidade, tornamo--nos uma empresa lucrativa e bem-sucedida. Em consequência, fomos sondados para vender ou fundir nossa empresa com outras. Como não queria abrir mão do controle diário, nunca fomos adiante. A afiliação com o Coldwell Banker foi perfeita para nós. Mantivemos a identidade e temos competência para trabalhar no mercado que mais conhecemos. Todavia, contamos com os recursos em nível nacional de uma das maiores e mais sólidas imobiliárias do país. É uma grande parceria.

Sou teimosa por natureza e essa teimosia se traduz em tenacidade, persistência e medo do fracasso. Tudo isso me levou a vencer em um mercado que foi e ainda é dominado pelos homens.

## O que aprendi:

- Erros acontecem e, apesar deles, é possível sobreviver.
- Aceite ajuda. Há muito orgulho, lealdade e compromisso à disposição quando você aceita ajuda.
- Minha avó sempre me dizia que, se fizer o bem, ele voltará para você. Se estiver com dificuldades para tomar uma decisão, jogue cara ou coroa. Antes de a moeda cair, você estará torcendo para que dê um dos lados e, assim, já saberá a resposta. Vovó era uma mulher brilhante.

## Aplique estas lições à sua empresa:

- Há três tipos de negociante. O primeiro comete erros e não aprende; portanto, não é bem-sucedido. O segundo os comete, mas aprende com os erros. Esse grupo representa a maioria dos empresários. O terceiro aprende com os erros alheios e, portanto, nunca os comete. Para estar nessa categoria, é preciso comunicar-se com colegas do ramo e aprender com eles. Leia, estude, junte-se a um grupo de empresários não concorrentes. Ainda assim cometerá erros. Entretanto, não os mesmos dos outros. E quando isso acontecer, estará cercado de pessoas para ajudá-lo a corrigi-los.
- Não tema em ser pioneiro em sua área. Se for original, isso servirá como chamariz e, provavelmente, sua história sairá na mídia. Entre-

>>>

>>>
tanto, faça com que seja a mídia que seus clientes assistem, ouvem ou leem.

# Case 41

# O MERCADO PAROU DE COMPRAR

**ANÔNIMO**

Meu marido e eu compramos uma fábrica de produtos de alta tecnologia para os mercados de equipamentos médicos e de biotecnologia. Como engenheiro, ele era responsável pela parte técnica e eu cuidava das vendas, do *marketing* e do financeiro.

A empresa cresceu e se tornou um negócio multimilionário conhecido dos especialistas da área, atraindo clientes das maiores cooporações do mundo.

Um desses clientes fez pedidos que envolveram uma grande quantia. Investimos cerca de 1,5 milhão de dólares em novos equipamentos e matéria-prima. Fizemos mais contratações para atender às encomendas. Então, inesperadamente, o mercado parou de comprar e o cliente cancelou os pedidos.

Ficamos encalhados com equipamentos, matéria-prima, funcionários e dívidas. O cliente não podia comprar os produtos de mais ninguém porque tínhamos seus moldes-padrão. Ninguém encomendava nada a nenhum fabricante desse ramo. O negócio de *chips* estancara. Padecemos durante catorze meses.

Durante o processo, tomamos a decisão consciente de manter a equipe permanente e demitir a temporária. Ou seja, o recado aos funcionários fixos foi de que eles eram mais importantes que os temporários. Achamos que, se perdêssemos essa experiência coletiva, seria difícil recompô-la.

Para manter a equipe, cortamos todos os pagamentos de turnos e reduzimos em 20% todos os salários durante três meses. Meu marido e eu ficamos sem pró-labore por mais de um ano.

Mantivemos os funcionários por duas razões. Primeiro, porque foram parte de nosso sucesso durante quinze anos, quase como uma família. Eles são uma grande parte de nosso futuro. Segundo, porque simbolizam tanto conhecimento que, caso não estivessem aqui quando aumentamos a produção, seria muito difícil recomeçar.

***Comunique-se sempre com seus funcionários, principalmente nas crises.***

Anexo a cada contracheque, enviei um memorando informando os funcionários sobre a situação da empresa, os novos negócios, os desafios que enfrentávamos e qual o plano de ação. Continuei a fazer isso a cada duas semanas mesmo ao final da crise, porque para mim isso bane o que chamo de "rádio corredor". Assim, as más notícias não voam tão rápido. Caso eu omita a verdade, eles começam a inventar.

Continuamos a não receber o pró-labore por mais de catorze meses para que a empresa pudesse reportar lucro no fim do ano. Poderíamos ter reportado prejuízo no ano passado e todos teriam entendido. Entretanto, minha relação com o banco é tão boa que não estava disposta a isso, pois prejudicaria futuros pedidos de financiamento de equipamento ou aumentos da linha de crédito. O banco sabia quais medidas estávamos tomando, porque sempre os mantive informados.

Meu marido e eu costumávamos malhar e caminhar à noite, o que foi muito bom, porque estávamos juntos e podíamos nos apoiar. Além disso, cuidava do jardim. Arrancar o mato ajuda a aliviar o estresse.

Também sempre nos cercávamos de amigos. Alguns deles estavam em situação semelhante à nossa e outros não. Eles nos davam força e, naqueles dias difíceis, nos lembravam de que os ventos mudam de direção trazendo bonança, pois o mercado é cíclico.

Foi difícil, porque era a primeira vez que ficávamos sem pró-labore por mais de um ano. Rezamos muito e estreitamos o contato com os clientes para que eles não abandonassem o navio.

Ninguém imaginava que a crise duraria tanto. Continuamos a pagar os empréstimos. Tínhamos um estoque caríssimo que não podia ser usado para outros fins. Era frustrante, porque sabíamos que era uma questão de tempo até começarem a surgir as encomendas.

Os colegas fabricantes sofreram durante três anos. Disse a meus funcionários que, por mais doloroso que fosse, ainda tínhamos emprego, clientes e um futuro. Esse negócio ia voltar: a questão era quando. Assim, repetimos constantemente à equipe por que estávamos aqui, o que fazíamos e que íamos dar a volta por cima. Quando os bons tempos voltassem, os resultados viriam.

Os bons tempos voltaram. Durante esses complicados dezoito meses, pagamos todos os empréstimos, mantivemos os funcionários e, ainda, o relacionamento bancário. Nunca discutimos com o senhorio, pagamos os fornecedores e os ferramenteiros. Fizemos questão de cuidar de todos, mas mostramos o quanto estava sendo difícil para nós. Muitos amigos não tiveram a mesma determinação e saíram do mercado.

## O que aprendi:

- Comunique-se sempre com seus funcionários, principalmente nas crises. Todos sofreram um impacto no salário e nós quisemos dar o exemplo.
- É importante o apoio do cônjuge e de amigos, pois nos dão esperanças de um futuro quando surgem os problemas.
- É preciso determinação para sobreviver. As atividades físicas e a jardinagem ajudam a diminuir o estresse.
- Mantenha o senso de humor.

## Aplique estas lições à sua empresa:

- É preciso partilhar nas épocas de vacas gordas e de vacas magras. Nunca peça aos funcionários para fazer algo que não quer fazer. Isso significa que, quando é necessário cortar salários, a sua fatia deve ser maior. Provavelmente, os funcionários irão se perguntar como você está pagando as suas contas. Explique que está vivendo com suas economias.
- Nos momentos de prosperidade, divida os lucros com os funcionários, já que todos participaram e trabalharam para sua obtenção. Estabeleça um plano de distribuição de lucros e faça questão de que todos entendam como estes são gerados e distribuídos. Não é preciso que saibam ler os demonstrativos financeiros, mas devem ter uma compreensão básica de como seu trabalho afeta as receitas e despesas. Muitas vezes, ao entender a relação entre emprego, custos e receita, seu pessoal pode sugerir formas de aumentar as receitas e diminuir despesas.

## Case 42

# QUERIA SER HERÓI

**ANÔNIMO**

Trabalhei durante dezessete anos em uma grande empresa e, apesar de ter me dado muito bem na profissão, acabei percebendo que não ia chegar aonde queria como empregado. Então, resolvi comprar uma empresa. Conversei com corretores e analisei diversas oportunidades, porém nenhuma delas me atraiu.

Um belo dia, li um anúncio no jornal de domingo sobre um excelente negócio de banheiras que estava à procura de alguém realmente capacitado para salvá-lo da falência. O anúncio chamou minha atenção, pois eu podia ajudá-los. O dono havia mudado as operações da Califórnia para Washington.

Fui muito ingênuo ao pensar que, por ter trabalhado em uma grande empresa e ter sido bem-sucedido, era fácil entender como tocar uma pequena empresa... especialmente com problemas suficientes para levá-la à bancarrota. Estava empolgadíssimo. Achava que podia ser o herói.

Em consequência, passei por cima das coisas mais óbvias. O pior foi o fato de que, para começo de conversa, a pessoa à procura de um sócio foi a responsável por levar a empresa à falência. Ignorei todos os sinais existentes e os conselhos da minha mulher e de amigos. Eu só queria fazer o negócio.

Minha mulher foi categórica ao me dizer para não entrar nessa fria e meus amigos eram bastante céticos. Mas, no meu parecer, eles não viam a coisa sob o ângulo certo. Eu tinha dinheiro da aposentadoria e economias. Além disso, peguei dinheiro emprestado da família e passei a tocar a empresa. Ia salvá-la!

Nosso trato foi verbal. Era presidente da empresa e a estrutura acionária era 50 a 50. Não procurei o parecer de ninguém. Nem me preocupei com a contabilidade. Não tínhamos contabilidade nem balanço. Queria entrar no barco e colocá-lo na rota.

Fabricamos uma banheira de água quente e a vendemos no varejo. Com o dinheiro, fabricamos outra. Vendemos e usamos o dinheiro para fazer mais duas. E assim por diante.

Comecei a me tocar três ou quatro meses depois. Meu pai, que é contador, me fazia perguntas sobre meu investimento pessoal. Não tinha boas respostas, mas ainda assim vivia na mais completa ignorância... até mesmo dos conselhos paternos. Não podia acreditar que algo iria destruir meu sonho.

Minha mulher estava, com razão, cautelosa e furiosa por eu ainda investir mais no negócio. Quando as coisas ficavam feias, eu colocava mais dinheiro. Meu sócio me enganou direitinho. Ele dizia: "A empresa vai fechar na sexta se não colocarmos um anúncio no jornal e conseguirmos alguns clientes novos".

***Sua empresa vai sofrer ou sucumbir toda vez que deixar seu ego se meter no caminho.***

Como meu pai não ficou satisfeito com minhas respostas, decidiu ver por si próprio o que estava acontecendo. Atravessou o país para visitar nossa fábrica e ficou tão chocado ao saber que não tínhamos livros contábeis que começou a fazê-los.

Ele me mostrou as discrepâncias. Ainda assim nada fiz. Então, sabiamente, meu pai pediu seu dinheiro de volta. Devolvi. Mas nem isso abalou minha fé descabida.

Como as vendas aumentavam rapidamente e a empresa crescia, não podia mais fazer vista grossa como vinha fazendo. Pagava as contas e tentava entender a produção da empresa. Eu me preocupava com os clientes, recursos humanos e crescimento.

A sentença de morte foi dada quando dei poderes de assinatura ao meu sócio. Nosso crescimento foi explosivo... tal qual nosso passivo... *meu* passivo.

Em um ano, a companhia faturou quase 1 milhão de dólares. Depois que concedi poderes de assinatura ao sócio, deixamos de pagar tributos e as faturas de publicidade. Alguns clientes nem receberam o produto. A certa altura, tínhamos quarenta funcionários. Era um pesadelo.

Meu sócio sumiu. Descobri, depois, que nem sabia seu verdadeiro nome, nem ao menos o número de sua identidade.

Tentei vender a empresa depois do sumiço do meu "sócio". Quase consegui, mas não deu certo. A empresa foi à falência, levando-me junto.

Durante esse processo, continuei a usar minhas economias e bens pessoais. Acabei dando muitas garantias pessoais no processo de dissolução da empresa. Fui processado por mais credores do que imaginava existir, o que me forçou a pedir falência pessoal. Todo esse pesadelo durou dois anos. Consegui pagar as dívidas em cerca de um ano e meio.

## O que aprendi:

- Não se envolva emocionalmente. Tinha um sonho e fui completamente ingênuo. Minha personalidade sempre foi de herói. Era minha imagem pessoal idealizada. Quando era moleque, assistia a todos os filmes de caubói e sempre me imaginei como o cavaleiro no cavalo branco, salvando a mocinha e matando os bandidos. Assim que encontrasse o ouro, todos viveriam felizes para sempre. Esse era meu ideal de perfeição e meu sócio sabia disso. Impedi-me de ver o óbvio porque não queria destruir meu sonho.
- Continuei a tomar decisões erradas e assumo total responsabilidade por tudo o que fiz. Tomei essas decisões porque não queria que o projeto fracassasse. Sempre achei que daria certo. Uma empresa precisa de planejamento. De separação de poderes. De controle financeiro.
- Não dê a seu sócio poderes de assinatura para gastar seu dinheiro. Jamais.

## Aplique estas lições à sua empresa:

- Sua empresa vai sofrer ou sucumbir toda vez que deixar seu ego se meter no caminho. O ego não deve ter lugar nas decisões comerciais.
- É preciso preparar balancetes mensais. Essa é a maneira certa de marcar pontos e perceber pequenos problemas antes que eles se transformem em grandes crises. É a maneira de detectar se há aumento ou redução da lucratividade.
- Pequenas mudanças nas margens de lucro são sinais de alerta de prejuízos iminentes ou de serviços malfeitos. Em geral, essas pequenas alterações só são percebidas por meio dos balancetes.
- Com frequência, a razão pela qual não há demonstrativos financeiros é que o empresário não deseja saber a gravidade do problema. Entretanto, é essencial à sobrevivência da empresa saber sua posição financeira. Quando os números são acurados, mesmo que a empresa vá mal, é possível planejar e implementar mudanças para levá-la a ter lucro.

## Case 43

# MUITO BOM PARA SER VERDADE

**LORETTA ELBEL**

No começo dos anos 1990, minha empresa tinha um contrato de fornecimento de *software* para o governo. Na qualidade de pequena empresa, éramos uma das poucas com esse tipo de contrato. A Microsoft nos contatou, pedindo que fizéssemos uma oferta especial do *Microsoft Office* ao Departamento de Defesa, pois, na época, o processador de texto usado pelo governo era o *WordPerfect*. Comprávamos o pacote diretamente da Microsoft e não por intermédio de nossos canais usuais. Como o fim do ano fiscal se aproximava, enviamos rapidamente as malas diretas, e a Microsoft avisou os representantes do governo. Esperávamos pedidos da ordem de 100.000 a 200.000 dólares. Quando fui ao escritório, em um sábado, logo após a oferta especial, descobri que os pedidos chegavam a 1 milhão de dólares.

Era um problemão. Por quê? Tinha encomendas superiores a 2 milhões de dólares, além dos pedidos normais de final de ano de *software* e *hardware*. O limite de crédito da Microsoft para novas contas era de 50.000 dólares, não importava quem fossem seus clientes ou o valor de sua linha de crédito. Nossa linha de crédito estava tomada. O prazo de pagamento do governo era de sessenta a noventa dias, e a Microsoft queria receber em trinta ou menos. E pior: assim que atingisse o limite de crédito com a Microsoft, não poderia haver mais entregas até baixar o limite. Ponto final.

Isso me causou muita tensão. Nós nos orgulhávamos de nosso ótimo atendimento ao cliente e rapidez na entrega. Precisávamos manter o contrato do governo. Onde ia achar dinheiro para cumprir os pedidos? Entrei no carro, abri a capota e saí correndo, gritando a plenos pulmões.

Quando tirei isso de mim, meu cérebro começou a funcionar de novo. Primeiro, priorizar os pedidos. Quem era mais importante? O governo, claro. Fiz uma relação de quem receberia o *software* em primeiro, segundo, terceiro lugar, e assim por diante.

Segundo, onde conseguiria dinheiro a curto prazo? Nossa linha de crédito estava tomada e a probabilidade de aumentá-la era mínima, ou nula. Quem mais? A família. Emprestei dinheiro da minha irmã... não foi muito, mas ajudou.

Terceiro, escrevi aos clientes menos importantes do que o governo em minha lista de prioridades: "Devido a um aumento imprevisto no volume de encomendas, esperamos enviar o produto solicitado no prazo de trinta a sessenta dias". Esse prazo era muito maior do que o normal, de uma a duas semanas. Alguns clientes reclamaram, mas não muitos. A maioria aceitou o pedido de desculpas e agradeceu a informação sobre o prazo de recebimento do *software*.

***Gritar a plenos pulmões é uma solução de curto prazo.***

Em quarto lugar, pegamos o telefone e cobramos o maior número de duplicatas possível. Era inútil cobrar o governo. Na época, o prazo de pagamento deles girava em torno de sessenta a noventa dias, sem choro nem vela. Entretanto, cobramos todos os clientes que nos deviam no período de trinta dias ou que já tinham passado desse prazo. Com isso, tivemos caixa para fazer mais pedidos à Microsoft.

Essa história durou cerca de quatro meses. A coisa chegou a um ponto em que evitava abrir a correspondência, com medo de encontrar mais encomendas. O estresse do êxito fácil, os pedidos enormes sem caixa para atendê-los, era imenso.

Passei muito tempo no carro com o teto aberto, gritando. Foi bom. Ser honesta com os clientes, ter as contas a receber em dia e priorizar os pedidos foi melhor ainda.

## O que aprendi:

- O êxito de uma oferta "especial" também é ruim.
- Não se iluda achando que sua linha de crédito e seu caixa são suficientes.
- Gritar a plenos pulmões é uma solução de curto prazo. É preciso um plano para contornar o aperto de caixa.

## Aplique estas lições à sua empresa:

- Quando fizer anúncios, teste primeiro em pequenas amostras. Se não deu certo, não vai gastar muito com uma propaganda que não

>>>

>>>

funciona. Se, ao contrário, o resultado for bom, pode planejar o lançamento da campanha até ter produto suficiente para atender às encomendas. O lançamento pode demorar mais do que planejou, mas, em compensação, não vai decepcionar os clientes nem ter falta de liquidez.

- Sempre peça uma linha de crédito acima do que vai precisar. Na maioria dos casos, eles só cobram a linha se você usar. Então, quando tiver um pedido grande ou outro problema de liquidez, terá acesso ao dinheiro.

## Case 44

# MEU DISTRIBUIDOR FOI À FALÊNCIA

**ADRIA MANARY**
Diretora-presidente, *Magic of Life Enterprises*

A revista americana *Independent Publishers Magazine* me chama de coelhinho da pilha, porque, não importa o que aconteça, estou sempre ligada.

Tenho paixão pelo meu trabalho, mas essa mesma paixão que me faz ir adiante também já me colocou em maus lençóis. Cresci na capital dos Estados Unidos e acompanhei famílias de políticos. Quando me deram a oportunidade de escrever um livro sobre a família real americana, *Kennedys: The Next Generation* (*A família Kennedy: a próxima geração*), estava preparada. Estava tão empolgada em trabalhar para uma grande editora e escrever um livro que nem negociei um contrato decente. Para encurtar a história, o editor faliu e não recebi um tostão do contrato ou dos direitos de publicação.

Quando percebi que nada podia fazer a respeito, resolvi escrever sobre algo que amava. O segundo livro era de poesias e chamava-se *Touched by the Rainbow* (Tocada pelo arco-íris). Logo aprendi que, embora meus amigos e a família tenham adorado o livro, não havia mercado para ele.

Era formada em Jornalismo e escrevia desde criança. Já era hora de levar a vida a sério. Fiz um levantamento sobre o mercado editorial. Era casada, tinha três filhos e descobri que escrever sobre o que se ama tem seu valor. Meu filho deu o nome de *Mommy Magic* (*Mamãe Mágica*) ao meu terceiro livro. Na época, pensando que já tinha aprendido a lição, eu mesma financiei a publicação do livro e consegui um distribuidor.

***Agarre-se à sua paixão; se tentar algo diferente, não vai fazê-lo de coração e não terá sucesso.***

Pesquisei bastante sobre o distribuidor em que estava interessada. Um amigo tinha vendido 100.000 cópias por intermédio dele e já havia recebido os direitos autorais. Entretanto, esse distribuidor também declarou falência e não pude recuperar meus livros. Chorei até secarem as lágrimas.

Hibernei durante dois anos. Queria deixar de escrever e fazer algo diferente. Meu pai teve uma loja de varejo durante quarenta e dois anos. Será que isso servia para mim? Comprei uma butique infantil em Carlsbad, um balneário na Califórnia. Racionalizei. Como adorava crianças, podia existir coisa melhor? Não fiz a lição de casa. Só queria esquecer o que passei. Além disso, tinha levantado todos os dados no caso do último distribuidor e dei com os burros n'água.

Vi só o que interessava na butique, mas não me aprofundei. Pensava que o negócio era lucrativo, e não era. Para piorar as coisas, o dono anterior roubara a mercadoria e tive de chamar a polícia para recuperá-la. A loja durou um ano e descobri que esse negócio não era para mim. O que era, então?

Nessa altura, pensava que atraía azar. Será que não consigo fazer nada certo? Numa noite, uma pessoa me ligou dizendo que ia abrir uma empresa chamada Books and Beyond. Era uma distribuidora que vendia livros iguais aos meus. Ela estava planejando uma reunião de vendas em casa e encomendou uns mil livros. Acredite se quiser, mas ela também quebrou. Só que dessa vez, pelo menos, recebi. Talvez minha sorte estivesse mudando.

O que me fazia passar por tudo isso? Percebi que era minha paixão por escrever. O comércio não era para mim. Sempre escrevi, desde criança. Meu objetivo era espalhar amor. Isso é o que faço melhor e do que mais gosto. Sou persistente e não quero desistir. Olhando para trás, a realidade é que poderia ter conseguido que a loja desse certo se de fato quisesse. Mas no fundo não queria: meu desejo era escrever.

Sei o que quero e do que preciso. Será que vou conseguir outra maneira de vender o livro? Não sei, mas nunca vou parar de tentar!

## O que aprendi:

- Os vencedores passam por dificuldades, mas as deixam para trás e continuam em frente apesar de tudo.
- Agarre-se à sua paixão; se tentar algo diferente, não vai fazê-lo de coração e não terá sucesso.

## Aplique estas lições à sua empresa:

- Às vezes, são precisos anos de luta para que a empresa dê certo. Se acreditar no seu trabalho, e se seus clientes estiverem aumentando, estará consolidando sua empresa. Pequenos passos em direção ao lucro vão fazê-lo chegar aonde quer.

# Case 45

# ESTRESSE VINDO DO INESPERADO

**ROCHELE HIRSCH**
Diretora-presidente, *CommExpress*

Largar minha bem-sucedida carreira de quinze anos em uma grande empresa de telecomunicações deixou muita gente surpresa. Ganhei prêmios importantes e fui considerada uma das sete mulheres mais influentes. Entretanto, a ideia de continuar colocando energia em uma empresa em que, em minha opinião, parecia haver pouca preocupação com negócios, não condizia com a ideia que tinha de sucesso. Precisava descobrir o que realmente queria fazer na vida.

O primeiro grande passo depois de sair da empresa foi participar de um programa de aprendizado chamado STAR, estrela em inglês. Fundado por Barbara Findeisen, esse programa intensivo de três semanas fazia a conexão entre meu entendimento "racional" da história da minha vida e emoções que jamais expressara. Aprendi a desfazer e dissipar os causadores de estresse da minha vida. Recuperei a paixão e a alegria de viver. Estava pronta para recomeçar a trabalhar.

Depois de cinco meses de férias, comecei a dar consultorias, trabalhando com líderes empresariais, governamentais e educacionais em aspectos de eficácia organizacional e desenvolvimento de negócios. Com o passar dos anos, a receita desses meus projetos de consultoria também ajudou a financiar diversos empreendimentos empresariais, desde reforma de imóveis a desenvolvimento de programas de computador. Em 1993, um projeto de consultoria me levou a Cingapura. Um projeto se tornou dois, e depois três. Havia decidido permanecer lá por mais um ano, quando o terceiro projeto foi cancelado.

***Muitos empresários são os próprios causadores de seus problemas.***

Não desisti: foquei minha atenção em outro empreendimento, diferente da consultoria organizacional. Novos amigos em Cingapura me encorajaram a transformar meu *hobby*, estudo de personalidade, em um negócio naquela cidade. Assim, fiz um plano de negócios e abri a empresa. Apesar da boa acolhida da imprensa, dos bons clientes e seminários emocionantes, a receita não era suficiente para sobreviver naquela cidade. Antes de partir para uma visita a Atlanta, saí da casa onde morava, pois não conseguia mais pagar o aluguel, e deixei minhas coisas com amigos.

As cinco semanas em Atlanta aumentaram meu mal-estar. Voltei para Cingapura com a mão direita engessada, lidando com o fim de um relacionamento, problemas em casa e sem saber de onde tirar dinheiro. Felizmente, hospedei-me em casas de amigos. Mas estava muito mal: sem receita, sem projetos nem perspectiva de conseguir dinheiro para ficar.

Minha ansiedade tirava o melhor de mim. Meus esforços "racionais" davam em nada e não sabia o que podia fazer melhor. Da minha experiência com o trabalho de cura emocional, sabia que a ansiedade é algo com o qual não se consegue lidar diretamente. É um emaranhado de emoções que provoca um sentimento de destruição iminente. Para dissipar essa ansiedade, as emoções que a acompanham, como o medo e a mágoa, devem ser desemaranhadas e trabalhadas separadamente.

Um dia, por volta da meia-noite, decidi que bastava. Estava pronta para desfazer a confusão. Para isso, precisava mergulhar nas minhas emoções. Então, comecei a gritar e a bater no travesseiro, remexendo o lodo para descobrir o que precisava de cura. Raiva, medo, mágoa, vergonha, culpa, fúria, o que há de errado comigo... as palavras começaram a sair. Continuei a alimentar a fogueira das emoções. E então estas palavras saíram da minha boca em alto e bom som: "Tenho medo de decepcionar minha mãe e meu irmão". Tudo bem, e daí? O que mais?

"Porque então eles não vão me amar... E se eles não me amarem... eu morro." Muito bem, é isso. Meu medo, a raiz de minha ansiedade, não era a falta de dinheiro, a possibilidade da ruína financeira ou do fracasso na profissão. Era decepcionar minha mãe e meu irmão, minha fonte subconsciente de amor, aquilo de que precisava para viver.

Sabia que essa crença de sobrevivência não era racional, mas real, a motivação da minha vida. Enquanto permanecia oculta, nada podia fazer. Eu me sentia completamente exausta. Mas, agora que sabia a causa, podia mudar. O "adulto" em mim sabe que a verdadeira fonte de amor – de energia – não vem da minha mãe ou do meu irmão, mas sim do Eterno. Então mudei. Transformei o meu medo infantil de perder o amor deles pela celebração de sentir o amor que sempre existiu.

Em seguida, peguei um livro de provérbios budistas e abri em uma página qualquer: "Não há garantias na vida... Só a de que é uma aventura".

Eu me perguntei: "Qual é a pior coisa que pode acontecer? Falência? Bom, então, é mais uma parte da aventura. Como marés altas e baixas. Qualquer maré é boa para mim... É só uma experiência diferente".

Com esse pensamento na cabeça – e no corpo – senti-me segura para embarcar nessa aventura e ver no que ia dar. Meu estresse diminuiu e pude sentir o fluxo vital.

Em três dias, já tinha um novo projeto. Foi como se um portal se abrisse e o dinheiro começasse a jorrar. Fazia o que gostava e podia continuar a ser empresária. O que provou, mais uma vez, que a segurança verdadeira começa dentro de mim e não no que faço.

## O que aprendi:

- Embora seja fácil culpar o estresse e a ansiedade pelas circunstâncias presentes, acho que o verdadeiro estresse é muito mais profundo e irracional. Além do trabalho de consultoria e de meus empreendimentos, boa parte da minha atenção nos últimos quinze anos esteve voltada à cura transformadora. O catalisador de minhas maiores viradas foi estar à beira da falência.
- Um dos focos da minha jornada foi a carreira. Em vez da segurança de uma carreira (ou seja, trinta anos de trabalho corporativo), usei minhas aventuras ao sabor da maré como empresária para ter oportunidade de criar e desenvolver ideias, aproveitando as crises para me aperfeiçoar espiritualmente. Continuei a ter mais liberdade, mais escolhas, mais paixão e mais sucesso. É uma vida maravilhosa!

## Aplique estas lições à sua empresa:

- Muitos empresários são os próprios causadores de seus problemas. Trabalhei com empresas, ajudando-as a sair de crises, deixando-as em boa situação. Um ano depois, estavam de novo na mesma condição e frequentemente em situação bem pior. Descobri que os próprios empresários sabotam seu sucesso. Ou ficam entediados ou tentam mudar o que estava funcionando direito.
- Quando o sucesso chega, não tente mudar o que está dando certo a menos que um concorrente, o mercado ou a economia force a mudança. Se não tiver o que fazer, contribua com uma associação beneficente ou faça um trabalho voluntário. Devolva o que conseguiu e desfrute o sucesso!

## Case 46

# NÃO VERIFIQUEI A CONTABILIDADE

**MAUREEN MITCHELL**
Diretora-executiva, *Advances Technology Services/Optidocs*

Saímos do escritório do advogado boquiabertos. Meu sócio que tinha investido dinheiro na empresa e eu ficamos mudos no caminho de volta ao escritório. O advogado explicara, nos mínimos detalhes, o processo de falência. Fiquei muda. Naquele momento, tinha de existir alguma opção. A falência não era alternativa. Não podia passar por isso. Deveria ter outra maneira de sair do buraco em que coloquei a empresa, um buraco de 700.000 dólares, e o fracasso também não era opção.

Como entramos nessa confusão? Queríamos que a empresa crescesse, e eu queria concentrar minha energia em vendas. Contratei uma pessoa que supostamente tinha a capacidade de fazer a empresa crescer. Ótimas referências. Péssimo gerente. Mantive meus títulos de presidente do conselho de diretoria e diretora-presidente. Dei a ele o título de diretor-executivo e rédeas para operar a empresa.

Foi um erro. Ele gastava dinheiro com tudo. E por que não? O dinheiro não era dele. Todos os funcionários ganharam computadores novos. Ele contratou uma agência de empregos para encontrar pessoal e ofereceu altos salários com os quais não tínhamos condições de arcar. Contratou vaquinhas de presépio. Não pagou os impostos sobre a folha de pagamentos. Levou-nos a um endividamento monstruoso.

**_Quando a empresa é sua, não abdique de todas as responsabilidades._**

Para piorar as coisas, ele mascarou a contabilidade da empresa. Parte de seu salário era paga em forma de bônus com base em resultados e ele fez questão de recebê-la.

E onde estava eu enquanto tudo isso acontecia? Feliz da vida fazendo o que gosto: vendendo e trazendo negócios para a empresa. Contudo, não tantos a ponto de cobrir os gastos. Não tinha a mínima ideia do que estava ocorrendo.

Só me dei conta de que estávamos com problemas quando ele tentou vender parte da empresa a terceiros, e ia vender meu contrato também. Ele começou a falar sobre contratos empregatícios e incluiu um para mim. De maneira alguma eu ia vender a empresa. Até ele cometer esse erro, não tinha ideia da situação horrível em que nos encontrávamos. Comecei a pôr a mão na massa.

Quando ele tentou vender a empresa, demiti-o imediatamente e comecei a tocá-la de novo. Mandei fazer uma auditoria contábil. Imagine a minha surpresa ao descobrir que nosso endividamento era enorme e ainda por cima com o fisco.

Fizemos demissões. Chamei os credores pessoalmente. Comecei a me mexer para aumentar as vendas. Não foi isso que sempre quis fazer? Agora tinha uma boa razão para fazê-lo.

Como empresária, o fracasso não estava nos meus planos. Tinha de fazer de tudo para sair dessa confusão. Sabia que tínhamos um nicho no mercado de *software*, além de clientes importantes. Infelizmente, o ciclo de vendas é longo. Porém, quando os clientes usam os programas de sua empresa e se tornam mais eficientes, eles sempre voltam. Comecei a visitá-los e pedi que nos indicassem a outros. Deu certo.

Faz quatro anos que estamos tentando sair do buraco. Ainda estou em vendas. Só que agora fico de olho na contabilidade. Os negócios estão estáveis e os lucros, aumentando.

## O que aprendi:

- Quando a empresa é sua, não abdique de todas as responsabilidades nem do talão de cheques.
- É possível enfrentar as dificuldades com um produto de qualidade e capacidade de vendas. Encontre uma solução para os problemas, mostrando aos clientes que você pode economizar o tempo e o dinheiro deles.
- Reaja com rapidez, mesmo que seja difícil.

## Aplique estas lições à sua empresa:

- Vender com lucro é uma das melhores armas para resolver problemas de fluxo de caixa quando está com pouca liquidez. Visite os clientes e ofereça outros produtos e serviços. Se o prazo de pagamento de sua empresa for de trinta dias úteis, ofereça um desconto para pagamento adiantado. Mas não tão alto a ponto de vender com prejuízo.
- Assim que a crise de liquidez acabar, aumente as reservas de caixa para seis semanas do pagamento da folha. Isso ajudará a empresa a lidar com os pagamentos em atraso.
- Outra forma de diminuir o aperto de caixa é mudar as políticas de pagamento. Pense em pedir um adiantamento, pagamento antes da entrega ou em prestações.

# Case 47

# O CLIENTE DISSE QUE NÃO IA PAGAR

**STEVE SAUNDERS**
Diretor-executivo, *Tempo Mechanical, Inc.*

Nunca pensei em me tornar empresário. Estava feliz tocando uma divisão da TD Industries, empresa de construção que sempre consta da lista das dez melhores para se trabalhar, segundo a revista *Fortune*. É realmente um ótimo lugar para se trabalhar e onde fiz carreira por doze anos. Um dia, em 1998, me ofereceram duas opções: fazer da divisão uma empresa separada ou a TD Industries acabaria com a divisão. Pessoalmente, sabia que eu não teria problema com qualquer uma das alternativas. Porém, senti que tinha uma obrigação com a minha equipe. Sabia que alguns deles não podiam ficar sem emprego. Portanto, tomei a decisão de me tornar empresário... uma escolha que nunca imaginei que tivesse de fazer.

Fiz um curso rápido de empreendedorismo antes de ser homologado presidente da empresa. Fui a única pessoa obrigada a dar garantias pessoais. Como era meio desligado, não dei muita bola para isso. Depois que tomei essa decisão, houve um período de dois meses antes de assinar a papelada.

Descobri que nossa divisão, que logo se tornaria uma empresa, estava um caos e eu seria responsável. Nestes dois meses, os números mostraram que o negócio era insustentável. E eu estava dando uma garantia pessoal para um negócio potencialmente falido. Já me imaginava perdendo tudo o que tinha.

Esse período de dois meses se deu durante uma mudança de *software* e, portanto, não podia dizer se era uma falha do programa ou se os enormes prejuízos eram reais. Além da parte financeira, os departamentos estavam fora de controle. Havia duas a três vezes mais operações do que pessoas para trabalhar e a empresa devolvia trabalho para os clientes, dizendo que não podia fazer.

Lá no fundo, sabia que ainda havia tempo de desistir desse negócio, já que a papelada definitiva ainda não tinha sido assinada. Estresse? Medi minha pressão todas as noites durante os dois meses da transição e estava altíssima. Exteriormente, não demonstrava o estresse, mas por dentro, definitivamente, sentia. O sujeito desligado de antes já não era o mesmo agora.

Curiosamente, no dia em que assinei os papéis (incluindo a garantia pessoal) e me tornei presidente da Tempo Mechanical (a nova denominação social), minha pressão sanguínea voltou ao normal e se manteve assim. Não me pergunte por quê. Por fim, percebi que finalmente tinha o poder de controlar meu próprio destino. Era afundar ou nadar por meu próprio mérito. Senti uma calma e comecei a tocar o novo negócio. As coisas mudaram, de fato, para melhor.

Não sabia quão perto estava do naufrágio. Parecia que 2001 seria um bom ano para a Tempo Mechanical. Tínhamos aumentado nosso espaço nos últimos três anos e procurávamos um prédio para comprar, o que a empresa fez em 15 de julho de 2001. Os negócios iam bem e decidimos fazer uma reforma completa usando nossa linha de crédito. Afinal de contas, tínhamos lucro, liquidez e nunca precisamos usar essa linha. Além do mais, as previsões eram otimistas e a empresa operava com lucro.

***Às vezes, é preciso assumir riscos com base na informação.***

Então, 11 de setembro de 2001 chegou e os negócios pararam. Era muito tarde para cortar despesas, já que a mudança estava prevista para 15 de setembro de 2001. Mudamos exatamente um mês depois e, apesar do planejamento cuidadoso, ficamos quatro dias sem telefone. Uma semana depois da mudança, recebi uma carta de um cliente, construtor, que afirmava: "Não temos condições de pagar a quantia devida de 750.000 dólares. Jamais poderemos efetuar esse pagamento e esperamos não ter prejudicado sua empresa". O quê? Estavam brincando?

Considerei as opções. Contei aos sócios (funcionários com direito a voto) e pedi sugestões.

A empresa havia usado toda a linha de crédito na reforma do prédio. Fui ao banco e pedi um aumento dela... Afinal, o banco já tinha me oferecido isso antes. A resposta: um dólar de crédito para cada dois dólares de ativos. Isso me surpreendeu, mas não chocou. Está bem, pensei, e depois? A Tempo precisava de caixa para pagar a folha e para a compra de matéria-prima.

Renegociamos prazos maiores com os fornecedores, que passaram de trinta para sessenta dias.

Usamos a criatividade de outras formas, refinanciando tudo o que era possível, até mesmo o novo sistema de chuveiro automático, o chamado *sprinkler*, e a frota própria de veículos. Tinha de levantar caixa. Que se dane a taxa de juros. Precisava de dinheiro. O foco era a sobrevivência. Com caixa e sem lucros, existe uma empresa. Com lucros e sem caixa, você está fora.

Eu podia, ou talvez devia, ter dispensado um terço dos funcionários em dezembro. Mas eram e são funcionários bons, leais e sócios da empresa. Se a empresa sofresse reveses financeiros, não conseguiria recontratar esses profissionais. Assim, todos ficaram.

Era hora de pressionar o cliente. Precisávamos de X até sexta-feira ou pediríamos a penhora das casas. De início, conseguimos um pouco do que nos era devido.

Uma sexta-feira, o construtor me disse que, para nos pagar, eles teriam de declarar falência. Ou seja, eles simplesmente não pagariam mais nada. Minha resposta: "Se não pagar, nós dançamos. Vou pedir a penhora imediata das casas e vamos juntos à falência". Naquele momento, à medida que as palavras saíam de minha boca, percebi que tinha me tornado um empresário. Assumia riscos.

Recebemos a totalidade da dívida em um período de dez meses. Rodávamos a folha toda semana, às vezes mal e mal. Pagamos os fornecedores dentro dos prazos renegociados, todos os bônus atrasados e outros passivos à medida que os negócios aumentavam.

## O que aprendi:

- Com força de vontade é possível sobreviver.
- Nem sempre boas notícias são tão boas quanto parecem, nem as más são tão ruins.
- A criatividade e a comunicação são essenciais. Peça logo ajuda. Na empresa, todos devem ser informados sobre o que acontece, bem como os bancos. Eles sempre terão boas ideias para levantar fundos.
- Costumava ser uma pessoa jovial, feliz. Ainda sou assim exteriormente, mas por dentro minha casca é dura. Sou um empresário.

## Aplique estas lições à sua empresa:

- Às vezes, é preciso assumir riscos com base na informação. Faça sua lição de casa. Tente determinar todas as consequências não intencionais de suas ações. Uma vez planejada a ação, execute-a.
- O fluxo de caixa é fundamental à sobrevivência da empresa. Ao final de cada semana, verifique o saldo inicial disponível, some as entradas e subtraia as saídas de caixa e determine o saldo final. A partir daí, calcule as necessidades de caixa e as entradas da semana seguinte, para assegurar fundos suficientes para honrar a folha e outras despesas. Se não tiver fundos suficientes para rodar a folha, é melhor saber disso uma semana antes e começar a cobrar as dívidas e os atrasados, a fim de ter caixa suficiente para cobrir as despesas operacionais daquela semana.

# Case 48

# O PROCESSO NÃO SERIA BARATO

**THOMAS KEMPER**
Diretor-executivo, *Dolphin Blue, Inc. – Dallas, Texas*

Cresci perto de Times Beach, Missouri. As doenças e a devastação ambiental que ocorreram tanto naquela cidade quanto em Fenton, minha cidade natal, tiveram um impacto profundo em mim. Resolvi que deixaria o mundo um pouco melhor e que faria qualquer coisa para preservar os recursos naturais deste planeta para futuras gerações.

No Festival Shakespeare de Dallas, percebi que havia muitas mercadorias ou recursos passíveis de reciclagem sendo jogados no lixo após cada apresentação. Abordei os organizadores do evento e pedi para iniciar um programa de reciclagem. Eles concordaram. Logo descobri que a reciclagem nos Estados Unidos não dá muito certo. Fiquei chocado ao saber que, na maior parte do tempo, os materiais supostamente recicláveis acabam em aterros ou incineradores para geração de energia. É muito caro o transporte de materiais reciclados. Em virtude do subsídio a bens materiais virgens, não há muito incentivo à criação de mercados para produtos reciclados.

Então, me dei conta de que a única maneira de fazer a reciclagem funcionar é comprar produtos feitos com materiais recicláveis. Montei a Dolphin Blue, Inc. para vender produtos feitos com material total ou parcialmente reciclado. Por mais que essa atividade me dê satisfação, tem sido difícil desde o início.

Concorremos com gigantes da área de suprimentos de escritório nos Estados Unidos, e nossos produtos e principalmente os preços são passíveis de comparações. O que é frustrante, porque, em razão de nosso pequeno porte, não temos o mesmo poder de compra. Para competir nesse mercado, a mensagem subjacente às pessoas é: pagamos barato por esses produtos na forma de subsídios à limpeza de água, do ar e à perda de recursos naturais; portanto, é melhor gastar um pouco mais e comprar produtos menos poluentes, criando um planeta sustentável. É uma mensagem difícil a ser transmitida.

É engraçado. As pessoas economizam para a faculdade do filho com o objetivo de criar uma vida melhor para ele e sua família. Mas e o ar que respiram, a água que bebem, a qualidade do alimento que ingerem e a qualidade de vida do planeta? Por que não investimos nisso?

Estamos mudando o ponto de vista das pessoas. É extremamente difícil. A mudança é quase imperceptível, às vezes. Já as recompensas são poucas e fico frustrado com o ritmo das mudanças. Entretanto, raramente demonstro essa frustração, porque lidero um grupo muito dedicado de funcionários que acreditam no meu compromisso. Se estou frustrado, eles também ficarão.

***Com frequência, temos de começar devagar, mesmo que nossas metas sejam grandiosas.***

Estamos tentando fazer a empresa dar lucro e sofrendo com isso. Há dias em que sinto não saber até quando posso levar esse negócio adiante. Concorremos em um mercado cuja ênfase é o preço, no valor da fatura, em vez da sustentabilidade e do valor ambiental ou social.

Minha mulher me abandonou. Em 19 de julho de 2002, voltei para casa e ela havia ido embora. O comentário dela: "Você casou com a empresa e não pensa em mais nada senão fazê-la dar certo".

Estava em choque. Disse que estava muito assustada, porque vivíamos à beira do desastre, e ela não queria estar lá quando alguma coisa acontecesse. Sua maneira de lidar com a situação era sair. Isso me jogou em uma espiral descendente por quase seis meses.

Ainda assim, fui em frente, pois acreditava no que fazia e tinha de continuar. Como minha mulher era responsável pela contabilidade, tive de achar alguém para substituí-la. Contratei uma profissional que trabalhava para uma grande empresa e cujo salário era alto. Ela era bastante qualificada. Notei suas habilidades, a perspicácia que trazia às discussões e sabia que precisava de uma pessoa assim para fazer minha empresa crescer. Ela ganhava praticamente a mesma coisa que eu, mas muito menos do que na empresa anterior. Essa mulher perdera o posto porque o diretor-executivo levara a empresa à falência. Ela estava entre os 900 funcionários demitidos. Porém, ficou menos de dezoito meses conosco, pois não conseguiu suportar a pressão de trabalhar em uma pequena empresa que luta todos os dias para pagar as contas. Também percebeu que não havia espaço para crescer.

Outros me perguntavam: "Por que você insiste nisso?". Nesse sentido, recordo uma conversa com o gerente do banco em que ele me disse: "Se seus preços são mais altos do que os dos concorrentes, por que você continua?". Eu respondi: "Existirão crianças um dia que nem você nem eu conheceremos – daqui a umas duas gerações. Que mundo vamos deixar para elas se alguém não tomar uma atitude e fizer o que estou fazendo agora? Não importa se é alguém, como eu, que vende suprimentos de escritório reciclados ou outro que fabrique motores elétricos ou venda carros híbridos: fazemos isso porque acreditamos. Estamos indo contra a maré, nadando contra a corrente. Nesse país, há 600.000 crianças obrigadas a usar inaladores e isso não está certo".

O gerente ficou em silêncio, me olhou e disse: "Nunca pensei nisso. Sou treinador de futebol e meus alunos, meninos por volta de dez anos, de repente ficam sem ar. Dez entre doze precisam de inaladores". Depois, concluiu: "Acho que agora entendo por que você faz isso".

Apesar do medo financeiro, do abandono de minha mulher e de todas as provações e tribulações pelas quais passei, sei que minha empresa vai ser vitoriosa. Foi minha opção e vou fazer de tudo para que dê certo.

## O que aprendi:

- Acreditar em mim e no que faço me levará a atingir meus objetivos.
- Todos precisamos de um ombro amigo quando as coisas vão mal.
- Preciso continuar a estabelecer e atingir objetivos. O futuro? Fundar uma pequena fábrica de papel reciclado em Dallas, no Texas, como modelo que possa ser duplicado em nível nacional e global.

## Aplique estas lições à sua empresa:

- Como já afirmei em outros depoimentos, o plano de negócios e sua execução são fundamentais ao sucesso. Encontre pessoas de fora que gostem de sua empresa e monitorem seu desempenho. Empresários quase nunca têm de responder por seus atos. Levando os interesses dessas pessoas com seriedade, terá a quem responder, o que fará com que continue em frente.
- Com frequência, temos de começar devagar, mesmo que nossas metas sejam grandiosas. Crie um modelo que funcione em uma área e replique-o em outras. Mas sempre tenha fluxo de caixa suficiente para replicá-lo antes de começar. Sua empresa pode sair do mercado caso não tenha liquidez para sustentar seu crescimento.

## Case 49

# NÃO PODIA FUNDAR UMA EMPRESA APENAS COM UMA IDEIA

**DAVID MOSKOWITZ, MD, FACP**
Presidente do conselho de diretoria, diretor-executivo e médico-chefe, *GenoMed, Inc.*

Tudo começou em uma noite escura e chuvosa por volta de outubro de 1993. Supus que passaria minha vida inteira como pesquisador. Estava fazendo especialização em nefrologia. Meu projeto desde 1984 era encontrar o agente causador da hipertrofia dos rins. Quando um dos rins é removido, o outro sempre aumenta, não importa a espécie animal.

Estava obcecado por encontrar esse agente causador da hipertrofia renal para que as pessoas encaminhadas à diálise pudessem retardar esse tratamento. Comecei a trabalhar nesse projeto em 1984. Cerca de nove anos depois, em 1993, enquanto preparava outra concessão para pesquisa, descobri que o agente catalisador era a angiotensina II.

Descobri algo mais naquele momento: que a angiotensina II provocava a insuficiência renal. Levei mais alguns anos para entender por que um fator de crescimento que estimula o aumento das células acaba por levá-las a cometer suicídio. Isso, se forem "bem-educadas" e fizerem o que se espera delas. De fato, são as células "mal-educadas" que escapam do controle de crescimento e formam cânceres. As células só têm essas duas opções quando continuamente pressionadas por um fator de crescimento (como a angiotensina II). Os rins falham porque suas células são muito "bem-educadas" e só cometem suicídio em vista da pressão contínua da angiotensina para prosseguir crescendo.

Assim, em 1993, já tinha a cura para a insuficiência renal. O fato surpreendente era que as drogas perfeitas para o bloqueio da angiotensina II, chamadas de inibidores ACE, já existiam havia vinte e cinco anos. São drogas seguras e bastante conhecidas.

Tentei obter financiamento de todas as partes, até de empresas que fabricavam os inibidores ACE e da Veterans' Administration (VA) (Administração de Veteranos), onde trabalhava. Não consegui fundos para conduzir um estudo "adequado". Então, na clínica, em um dia de março de 1994, descobri que podia salvar meus pacientes, mas esperava conseguir dinheiro para provar. Como ele não entrava, meus pacientes eram encaminhados à diálise e depois à morte, em questão de dois anos.

Acabei tratando meus duzentos pacientes renais com altas doses de inibidores ACE. Por que altas doses? Meu argumento era de que os nefrologistas vinham usando esses inibidores havia décadas e tiveram bons mas não excelentes resultados. Ainda não conseguíamos impedir a insuficiência renal, especialmente em afro-descendentes, que têm uma taxa dez vezes maior de doenças renais do que os caucasianos. Tínhamos a medicação certa. Imaginei que a única coisa errada era o fato de a dosagem não ser suficientemente alta.

Portanto, aumentei a dosagem e funcionou. O primeiro paciente a receber essa alta dosagem reverteu o problema renal. Ele teve uma melhora e isso não era para acontecer. Estava em uma armadilha. Um médico pediu demissão, me deixando mais 800 pacientes. Dei a 1.000 deles uma alta dosagem de inibidores ACE durante os três anos seguintes e fui demitido do VA pelos resultados positivos.

Por quê? O VA entrou no programa de "medicina assistida" dois anos depois de eu ter dado início ao programa e obrigou todos os médicos a prescreverem exatamente as mesmas dosagens. Eles não estavam interessados nos resultados obtidos com meus pacientes, embora mil vezes melhores. Naquela altura, vinha fazendo a mesma coisa havia dois anos e moralmente não podia parar. Eles me demitiram em março de 1998.

Naquele momento, meu laboratório descobrira que a superatividade do ACE estava por trás de 75% das doenças humanas. O que fazer agora? A demissão me obrigou a trabalhar no setor privado. Não queria mudar porque minha mulher, que também é médica, tinha um bom emprego. Pensei ser mais provável conseguir fundos de pessoas físicas dispostas a investir nessa pesquisa do que do governo federal, que já havia declinado meu pedido.

Usei dinheiro próprio para fundar minha primeira empresa. Minha mãe acabara de morrer e me deixara 300.000 dólares. Com esse dinheiro, financiei o laboratório durante os primeiros nove meses e depois encontrei pessoas amigas do tempo da faculdade e da escola preparatória que resolveram investir na empresa. Eles chamaram um executivo da Harvard Business School conhecido deles. Esse profissional começou a destruir a empresa e, além de me dizer como fazer ciência, não levantava dinheiro algum. Os investidores não tinham interesse no gerenciamento de doenças[12], não tinham planos de receitas e ficou claro que o maior investidor só entrou nesse negócio para que seu amigo executivo o gerenciasse. A ele não interessava que eu controlasse a empresa, embora esta fosse minha.

***Se você acredita no que faz, precisa continuar.***

Essa empresa acabou sendo vendida e todas as vinte mil amostras coletadas foram entregues a uma instituição privada e não tive mais acesso a elas. Foi doloroso perder dinheiro, mas a perda das amostras foi muito mais.

Assim que ficou claro que minha empresa não estava mais sob minha direção científica, abri outra. Por quê? Tinha certeza de que meu palpite estava certo. Sabia onde procurar os genes causadores da doença. Mas o que matou a empresa foi minha falta de controle e a total ausência de financiamento.

Abri outra com o ex-consultor científico e um dos membros da diretoria. Essa segunda empresa também não deu certo em virtude de desentendimentos. Os dois outros sócios não queriam um negócio de gerenciamento de doenças. Eu sim. Queria usar uma empresa de genotipagem que visitei nos Bálcãs, mas o outro cientista não.

Em uma segunda-feira de manhã, descobri que a segunda empresa afundara. Havia mais de um mês que estávamos negociando uma licença importante com uma universidade local. Tínhamos um contrato de licença impresso no papel de carta da empresa. No sábado, assim que voltamos dos Bálcãs, tínhamos uma reunião por telefone. Essa reunião pôs fim a meus apelos constantes por um acordo operacional que desse condições para a resolução de controvérsias, como qual empresa de genotipagem iríamos usar. Na manhã de segunda-feira, fiquei sabendo que meus dois sócios tinham aberto uma nova empresa sozinhos. Além disso, levaram a licença negociada com a universidade local, onde o cientista ainda trabalhava. O diretor-técnico da universidade, que era amigo do cientista, não pensou duas vezes em abandonar as negociações já iniciadas com minha empresa e iniciar outras com o cientista e sua nova empresa. Fiz uma reclamação formal à universidade. A resposta era a de que iam analisar a questão. Não preciso dizer que estou esperando até hoje, três anos depois.

A essa altura, não tinha nada. Não tinha dinheiro – o terceiro sócio era o financiador – nem suporte financeiro. Então, pensei em escre-

[12] **N. da T.:** Gerenciamento de doenças é uma técnica de atendimento monitorado cujo objetivo é a identificação de indivíduos doentes ou com potencial de contrair doenças e assim aplicar programas preventivos.

ver patentes. Pus no papel o que sabia para pedir uma patente. Comecei a escrever e não conseguia parar. Quanto a achar alguém para bancar o investimento, meu plano era entrar em contato com todas as empresas farmacêuticas e de biotecnologia. Desisti de procurar investidores de risco, porque persegui todos eles com minha empresa privada. Pensei em entrar em contato com todas as empresas que aparecessem em jornais e mandar *e-mails* para quem tivesse uma empresa farmacêutica ou de biotecnologia. Imaginei que, se precisassem de resultados, eu saberia onde achar os genes da doença.

Tive sorte de, entre as centenas de empresas às quais enviei *e-mails*, receber resposta de uma que acabara de ser financiada pela Research Capital. Eles estavam interessados em fazer mais negócios e me colocaram em contato com a Research Capital. Acabava de montar a empresa número três. Daí aconteceu o 11 de setembro de 2001 e eles cancelaram tudo.

De volta à procura de financiamento. Não consegui nada em outubro de 2001. No fim, a Research Capital decidiu investir na minha empresa, contanto que achasse alguém para ser o diretor-executivo. De novo, escolhi a pessoa errada. Livramo-nos dele em setembro de 2003 e imediatamente fiquei sem fundos. Mesmo assim, acreditando que estava certo, dirigi sozinho a empresa e não consegui levantar fundos até janeiro de 2004. Nada recebi de outubro de 2002 a fevereiro de 2004.

Continuei adiante apesar do trauma. Não tinha opção: não podia mais voltar ao emprego acadêmico. Tinha causado muita confusão no VA e aparecido em um jornaleco. Médicos tradicionalistas não fazem coisas assim. Na minha opinião, esses tratamentos faziam a diferença entre vida e morte para meus pacientes. Não me agradava a ideia de uma agência do governo querer que meus pacientes morressem para manter meu emprego. Parecia uma boa briga para mim. Aprendi bastante sobre mídia e a falar em público. Faço uso desse conhecimento agora.

Tudo o que aprendi coloquei em uso. Jamais teria sido capaz de trabalhar completamente sozinho se não tivesse sido posto em prisão domiciliar pela VA durante um ano. É preciso criar uma rotina.

Continuar foi, para mim, ser capaz de aprender com as experiências difíceis: perceber que não era o fim do mundo. Também ajudou o fato de não haver alternativa. Não era como se tivesse milhões de ofertas para ser chefe desse ou daquele departamento.

E, além do mais, estava absolutamente convencido de que estava certo. Não só desse fato, mas de que não tinha alternativa moral. Sentia como se estivesse trilhando o caminho mais nobre possível. Enquanto lutava contra a VA, fiquei muito religioso.

Acho realmente que o futuro está a meu lado. Provei que posso prevenir a insuficiência renal. Sei retardar significativamente o enfisema pulmonar e curar a encefalite causada pelo vírus do oeste do Nilo. Essas são apenas três das 150 doenças que consigo curar.

Além disso, na minha opinião, o que me inspirou foi saber que precisava apenas sobreviver. George Washington travou apenas sete batalhas em sete anos. Para ele, bastava manter seu exército vivo e a batalha estaria ganha. Assim, minha meta era manter-me vivo e acabaria ganhando.

Nessa altura, a luz no fim do túnel também pode ser a de um trem. Ainda não temos financiamento suficiente. Acabamos de internar cerca de 1,5 milhão de dólares. Além disso, vamos precisar de 100 milhões de dólares para a genotipagem. Parece mais um trem em movimento do que o fim do túnel.

O que realmente me apaixona é cuidar melhor dos pacientes e aperfeiçoar os resultados clínicos. Descobri que se pode fazer um serviço melhor conhecendo os genes causadores das doenças. Nós nos intitulamos de "futura geração das empresas de gerenciamento de doenças", pois usamos a genômica para melhorar os resultados.

Não tem sido fácil. Entretanto, acredito no que faço e continuarei adiante até morrer.

## O que aprendi:

- Se você acredita no que faz, precisa continuar.
- Empresas que não dão certo não significam fracasso. Sempre há outra maneira de continuar, mesmo que seja sozinho por um tempo. Você acabará achando os sócios certos.

## Aplique estas lições à sua empresa:

- Só porque sua empresa não deu certo não significa que não possa abrir outra usando essa experiência prévia. Se acredita no que faz, recomece. Porém, evite cometer os mesmos erros.
- Faça questão de ter contratos em vigência com o órgão financiador e sócios, estabelecendo os deveres de cada um, as metas a atingir e as multas caso essas metas não sejam atingidas. Tenha também um contrato com as condições que acarretarão a dissolução da sociedade e como esta deve ser conduzida.

# Case 50

## A EXPANSÃO TRAZ PROBLEMAS

**LESTER SCAFF**
Diretor-executivo, *S&S Foods, Inc.*

Meu pai sempre me disse que me daria melhor profissionalmente como empresário do que como empregado. Assim que me formei no Ensino Médio, casei e, em 1961, montei minha primeira loja em Lake City, na Flórida.

Já tinha alguma experiência, pois trabalhara na loja de meu pai. Conhecia o ramo varejista e também como tratar os clientes. Tinha 100% de apoio da minha mulher.

Ela cuidava do caixa e das encomendas. Eu vendia carne, frutas e verduras frescas e limpava o chão. Como estávamos indo bem, comprei uma segunda loja.

Não tenho a mínima ideia do porquê fiz isso; talvez porque sempre fui ambicioso. Sempre. Desde o começo, me imaginava tendo uma rede de lojas. Aproveitei a oportunidade de comprar essa segunda e foi o que fiz. Esse foi nosso maior desafio, pois tive de aprender a gerenciar pessoas. Não há problema quando se tem uma única loja, pois você é o responsável pelo funcionamento dela todos os dias.

Porém, é impossível estar em dois lugares ao mesmo tempo; portanto, com duas lojas, você precisa de ajuda. E então seu trabalho passa a ser administrar e isso precisa ser aprendido. Foi o que fiz durante cerca de dois anos: aprender a administrar.

Sem dúvida, tive sorte, pois acho que naquela época havia melhores profissionais do que hoje. Outra coisa que tive de aprender foi perseverança, porque os problemas aumentam continuamente.

Até hoje, quarenta e seis anos depois, há sempre alguém de olho no meu negócio. É preciso insistir. Olhando para trás, percebo que a perseverança foi a coisa mais importante que aprendi.

Outra luta é contra a concorrência. Sempre existe alguém atrás do seu dinheiro e de seu negócio. Jamais se atinge um ponto em que se possa relaxar e dizer: "Ninguém vai me incomodar agora. Consegui".

Não é nada divertido quando alguém resolve abrir uma loja bem ao lado da sua. É preciso brigar. Nenhuma das duas vai ter lucro no começo. É preciso aceitar esse fato. Os concorrentes sempre abrem com preços mais baixos, de forma que você precisa igualar os preços ou baixá-los ainda mais. Não é um negócio lucrativo, já que um único proprietário não tem os mesmos custos de quem tem uma rede.

Temos os custos fixos, as indenizações, hospitalizações e todo um contingente de funcionários que têm benefícios. Como eles não têm nenhum desses custos, podem vender mais barato. Mesmo assim, temos de competir com eles. É um novo concorrente que nunca enfrentamos antes.

***Para se ter um negócio, é preciso determinação, vontade de trabalhar e manter o curso.***

Deve-se lidar com novas situações à medida que elas acontecem. Provavelmente, do total de quarenta e seis lojas, temos algumas que não dão lucro. Porém, não podemos fechá-las, para não dar vantagem à concorrência. Se eles conseguirem, vão querer abrir mais uma perto das nossas. Temos de achar um modo não só de vencê-los, mas também de ter lucro nessas lojas específicas.

Um dos problemas que enfrentamos é o de contaminação. Há vários anos, não tínhamos nenhuma lei a respeito da contaminação de gasolina ou da limpeza. De repente, são promulgadas leis, obrigando-nos a dobrar o volume dos esgotos e a gastar para reformar as instalações dos nossos postos de gasolina. Mas, com a experiência, aprendi que faz parte do negócio.

Sou empresário desde 1961 e, desde então, muita coisa mudou e tive de me adaptar às mudanças. E, cá para nós, ninguém gosta de mudanças. Comecei só com uma loja. Nem tínhamos máquinas de refrigerantes, pois eles eram vendidos em garrafa. De repente, os grandes concorrentes de áreas fora da cidade começaram a instalar máquinas de refrigerantes. Odiei e pensei comigo: "Puxa vida! Isso deve custar uma fortuna". Porém, contra minha vontade, fui obrigado a instalá-las também.

A outra grande mudança foi com os postos de gasolina. Só começamos a vendê-la quando abrimos a sétima loja. Na época, atendíamos os clientes, pois não existia o autosserviço. Porém, tivemos de nos adaptar e mudar de loja de conveniência para posto de gasolina para sobreviver.

Sempre fiquei de olho na concorrência. Vou às grandes lojas de conveniência nas grandes cidades para conferir as novidades.

Quando acontecem problemas, os nervos sempre ficam à flor da pele. É complicado quando não se tem ideia do que fazer para resolver os problemas. Só que já vi muita coisa nessa vida, de maneira que sei que, no fim, tudo vai dar certo. É a perseverança que nos leva adiante.

## O que aprendi:

- Mesmo que não tenha ideia do que fazer, sempre há um jeito. É preciso ter confiança em si e saber que, se continuar insistindo, no final conseguirá achar a solução.
- Temos muita gente que pode nos ajudar. Ensinamos nossos supervisores e outros funcionários a considerar o negócio e o dinheiro como deles.
- Meu conselho a meus funcionários é um mandamento de Jesus: ame o outro como a si mesmo. Digo aos supervisores que precisam amar todos que trabalham nesta empresa e ajudá-los a ganhar o bônus. Quando não puder pagar o bônus, eles não pensarão que você os ama muito. Eles vão nos culpar.
- Tive muito sucesso. Não era o menino mais inteligente da escola, mas descobri que, para se ter um negócio, é preciso determinação, vontade de trabalhar e manter o curso.
- Lembro que no começo trabalhava bastante porque, para mim, ser empresário era a coisa mais importante. Durante um bom tempo, isso me fez ir em frente. No começo, não se tem muito dinheiro porque, depois de pagar todas as contas, o que sobra é reinvestido na empresa. Porém, nunca se deve gastar o sucesso antes de consegui-lo.

## Aplique estas lições à sua empresa:

- Procure ajuda de quem já passou por crises. Pergunte o que eles fariam diferente, as lições aprendidas e compare com sua situação. Assim, é possível evitar cometer os mesmos erros daquela pessoa.
- Quando o sucesso chegar, devolva. É muito mais trabalhoso encontrar uma maneira de investir recursos para o bem da humanidade. Contribua com tempo e dinheiro. Você irá se sentir bem e ficará surpreso como também é bom para seus negócios.

# parte 2

# EXISTE SOLUÇÃO?

## As Estratégias que você Pode Utilizar para Atingir o Sucesso

capítulo 3

# Estratégias Importantes de Sobrevivência

O medo começa quando nos deixamos levar pelas emoções e paramos de pensar racionalmente.

Todos os empresários que entrevistei reagiram emocionalmente ao pesadelo, cada um à sua maneira. Choro, gritos, silêncio para alguns. Conversas com amigos e pessoas em quem confiavam para outros. Alguns aguentaram a barra sozinhos... outros rezaram profundamente. A reação de alguns empresários poderia fazer rir quem nunca passou pela mesma experiência: entrar no carro, acelerar e gritar a plenos pulmões.

O fato impressionante que surgiu das entrevistas é que os desafios, tempos difíceis, problemas, traumas e pesadelos são comuns a todos, não importa o nome que se dê. E a reação inicial é sempre emocional. A certa altura, surge a lógica. Para alguns, foi questão de minutos. Para outros, dias. Porém, assim que a razão assume o controle, dá-se início ao processo de tomada de decisão. Você se pergunta o que vai fazer e começa, pouco a pouco, a enfrentar a situação, o medo e o desconhecido.

Se estiver enfrentando o medo e a incerteza, console-se com o fato de que não está sozinho. Outros já passaram por isso e outros mais irão passar. A seguir, algumas estratégias de sobrevivência.

## 1. Levante, Sacuda a Poeira e Dê a Volta por Cima

Todos os empresários enfrentaram dias difíceis. Nunca mais quero passar por um dia igual àquele em que perdi tudo: a venda, o investimento e o sócio. Porém, agora sei que, se algo semelhante acontecer, tenho condições de superar.

Todos que entrevistei disseram o mesmo. Agora têm confiança de que, quando acontecer o pior, serão capazes de enfrentar e superar. Impossível saber quanto tempo durarão os problemas e as crises. Contudo, sabemos que há uma luz no fim do túnel. Continue em direção a ela e, com certeza, conseguirá sair.

Relembrando, todos disseram que a experiência é uma grande conselheira. Passar por dificuldades é um inferno, mas, por meio delas, conseguimos o conhecimento e a capacidade de lidar com os desafios que surgirão mais tarde.

Lester Scaff deu o tom correto. Com sua experiência de mais de quarenta anos no mercado e indo de uma a quarenta e seis lojas, ele teve muitas oportunidades para ter medo e pesadelos. Apesar de não ter ideia do que fazer, ele medita sobre os desafios e os enfrenta. Sua experiência de mais de quarenta anos fez com que pudesse reagir rapidamente e com confiança, sabendo que podia enfrentar o que viesse. Ele continuará a perseverar.

Outro empresário foi mais sucinto. Quando estava no Vietnã, era sempre baleado em combate. Quando um cliente gritou com ele sem razão, respondeu: "As palavras não me machucam. As balas sim".

## 2. Aprenda a Lidar com as Emoções

Quando chega o pesadelo, nossa primeira reação é emocional. Descubra como se livrar logo das emoções para poder pensar racionalmente.

Com sorte, a emoção dura minutos. Em 11 de setembro de 2001, Christopher Pollock dirigia um hotel. Ele já havia passado por situação semelhante em 1990, quando tocava um hotel nas Ilhas Virgens e os Estados Unidos invadiram o Iraque durante a guerra do Kuwait. Por ter passado por essa experiência anterior, sua reação emocional foi menor e ele logo entrou em ação. Embora os acontecimentos de 11 de setembro tenham demorado muito mais e suas consequências tenham sido muito mais devastadoras do ponto de vista econômico, o empresário foi capaz de pensar com clareza e fazer o que precisava ser feito.

A maioria dos empresários, homens ou mulheres, afirmou que não ficaram muito desesperados. Todos disseram algo como: "Procurei enfrentar o problema. O que posso fazer agora? E amanhã? E na semana que vem? E no mês que vem?" E todos fizeram o possível para solucionar o problema. A seguir, algumas dicas para lidar com as emoções.

**Chorar** – O ser humano chora quando o pior acontece. Para vários empresários, as lágrimas, não importam se poucas, foram uma boa maneira de soltar as emoções. Quase ninguém gosta de ser visto chorando. Quando o pior me aconteceu, saí do escritório e fui para os fundos do prédio, sentei no meio-fio, onde ninguém podia me ver, e chorei. Assim que secaram as lágrimas, me senti muito melhor. Nada havia mudado, mas minha reação emocional se foi e pude lidar com os problemas imediatos.

**Abraçar** – Para muitos empresários, o que ajudou foi o toque físico de outro ser humano. Em geral, foi o cônjuge o escolhido. Por isso, se for casado, é fundamental contar com o apoio do cônjuge. No caso dos solteiros, a maioria escolheu amigos.

**Gritar** – Entrar no carro, abrir o teto solar e acelerar gritando a plenos pulmões foi o método usado por Loretta Elbel para lidar com suas emoções. Para ela, deu certo. Às vezes, para liberar o estresse, Donna Fox precisa gritar, e o alvo é o marido. Porém, ele sabe que ela não está gritando com ele, mas sim com o problema.

**Comer** – Há duas reações nesse caso. Alguns empresários perdem a fome quando estão sob estresse. Outros comem demais. Ou têm um "momento chocolate". Um pacote de biscoitos de chocolate foi a maneira que a mulher de Jim Annis encontrou para se consolar quando ele lhe contou que tinha saído do emprego.

**Atirar coisas** – Até que é reconfortante ouvir o som de porcelana quebrando contra a parede. Essa reação é totalmente emocional: na imaginação, a causa ou o causador do problema é espatifado em milhões de pedacinhos. Depois, surge a calma quando começa a catar os cacos de louça quebrada.

Se não quer gastar comprando louça para esse fim, atire um tijolo... de isopor. Nossa empresa usava esses "tijolos de ansiedade" para lidar com situações estressantes. Atirar um tijolo de isopor não estraga a parede e, no fim, sempre faz rir.

**Rir** – O riso é uma das melhores maneiras de diminuir o estresse. Quando rimos, é impossível chorar. A situação parece ser tão absurda que ou se chora ou se ri. E rir é muito melhor.

## 3. Procure Lidar Fisicamente com o Estresse

Embora a emoção seja passageira, superar as crises pode levar semanas, meses ou até anos, o que é bastante estressante. É preciso encontrar meios para diminuir os efeitos dessa tensão.

A atividade física é um deles. Comecei a correr quando estava com quarenta e quatro anos e participei da minha primeira maratona três semanas antes de completar quarenta e seis. Sempre digo que seria um caso perdido se não corresse. Para mim, correr elimina o estresse. Bob Breaux corria todos os dias quando saiu da empresa, e isso o ajudou a clarear as ideias e enfrentar os problemas.

Muitos dos empresários com quem conversei correm, andam de bicicleta ou fazem qualquer outro tipo de atividade física. Uma das empresárias faz caratê e está prestes a tirar a faixa preta. O exercício ajuda esses empresários a enfrentar as inevitáveis crises. Com frequência, a atividade física permite que surjam as ideias para enfrentar as crises, pois ajuda a diminuir os efeitos do estresse. Tom Powell está sempre em forma, pois, como instrutor de ginástica, é obrigado a se exercitar mesmo quando "não está a fim".

Uma empresária que gosta de jardinagem limpa o jardim e retira o mato. Para ela, cada punhado de mato retirado da terra significa um problema a menos. Eliminar o mato é o mesmo que acabar com o problema.

Já outros têm *hobbies* diferentes. Quando os estão praticando, a mente se desliga da empresa e, assim, conseguem relaxar fazendo o que gostam. Em geral, as ideias surgem quando estão desfrutando desses momentos agradáveis.

## 4. Acredite no que Faz

Quando estava fazendo as entrevistas, contava o que aconteceu comigo. Um de meus entrevistados disse que teria desistido. Quando tudo aconteceu, não sabia o que iria fazer, mas continuei e não desisti porque acreditava no que fazia.

Os empresários, um por um, me disseram que um fator importante para superar as crises foi a crença no seu negócio. Cada vez que algo ruim acontecia, eles se lembravam do porquê de estarem fazendo o que faziam e continuavam adiante.

David Moscowitz perseverou apesar do fracasso de diversas empresas porque acreditava que o que fazia era importante para a saúde humana. Trabalhou sozinho durante certo tempo porque não tinha fundos para contratar funcionários. Ele toca a vida adiante, durante épocas favoráveis e desfavoráveis.

Tom Kemper tem uma história parecida. Ele conta que o gerente do banco perguntou por que continuava com seu negócio, e ele explicou que era para salvar o planeta. E acredita, de coração, que alguém deve cuidar do planeta para as gerações futuras. Ao fazer sua parte, ele permite sua realização.

Adria Manary nunca perdeu a crença em si mesma e em sua história, apesar das provações pelas quais passou tentando publicar seu livro. A cada obstáculo, recordava quão importante era isso para ela e ia em frente.

Tim Hutchinson acreditava que seu passado e sua história eram tão importantes para serem contados que vendeu o carro para tornar isso realidade.

Julia Barredo Willhite e seu marido venderam tudo o que tinham, incluindo a casa e os carros, para pagar seus funcionários até o último mês de funcionamento da empresa. Eles conseguiram sair da falência e se reerguer.

A crença firme na importância do que se faz ajuda a superar os tempos difíceis.

## 5. Seja Flexível

Em primeiro lugar, escreva um plano para resolver a situação. Entretanto, perceba que a probabilidade de seguir esse plano à risca é nula. É preciso aprender a ser flexível. Se uma situação específica não ocorrer, é preciso ter um plano para se basear, seguir ou então tomar direção totalmente diferente.

Eric Hansen é um mestre nisso. Quando comprou a empresa de manutenção de gramados, que acabou por vender, disse ao banco que aconteceria X, Y e Z, precisamente o que previa seu plano de negócios. No fim, acabou acontecendo exatamente o contrário. O negócio continuou lucrativo e foi vendido. O banco observou que os reais eventos foram exatamente opostos aos do plano inicial. Foi a primeira vez que Eric percebeu isso. Entretanto, logo reconheceu que alguma coisa não ia bem e tentou algo diferente.

Steve Saunders teve de tomar uma atitude quando recebeu uma carta do cliente informando que não ia pagar a dívida de 750.000 dólares. Encontrou maneiras de levantar fundos e refinanciou o máximo que pôde. Segundo ele: "Estava pouco ligando para a taxa de juros. Minha preocupação era conseguir o dinheiro".

## 6. Confie em Pessoas de fora

Quase sempre, quando alguém pergunta como vão os negócios, dizemos "muito bem", mesmo que as vendas tenham caído e não tenhamos ideia de onde vai sair o dinheiro para pagar a folha. E mesmo que estejamos indo super bem, não queremos que saibam o quanto. Em geral, os empresários não costumam discutir negócios com ninguém.

Mesmo que tenha sócios, é preciso ter com quem discutir os problemas, especialmente alguém de fora, pois essa pessoa pode ter uma visão diferente que você e seus sócios talvez não enxerguem porque estão tocando o dia a dia.

É fundamental encontrar uma pessoa com quem contar: colegas ou amigos que possam ouvir seus problemas, dando apoio e consolo durante os tempos difíceis. Para alguns empresários, essa pessoa era o cônjuge. Já outros escondiam tudo dele. A mulher de um empresário comentou que ela só ficava sabendo o que acontecia com os negócios do marido quando saíam para jantar e encontravam os colegas dele.

Procure pessoas com quem possa ser bastante honesto. E vice-versa. Elas podem lhe dar respaldo, conselho e força enquanto você passa pelo pior.

Como disse um empresário: "No começo, conversava com as pessoas erradas e logo aprendi que não podia confiar nelas, pois pararam de indicar minha empresa. Acabei encontrando pessoas que me ouviam, acreditavam em mim e em meu potencial, encorajavam-me com palavras de apoio".

Embora Barb Mather não tenha funcionários, ela tem um grupo de amigos com quem comemorar e outro em que pode se apoiar nas épocas difíceis. Durante toda sua vida, ela manteve um grupo de amigos com quem podia contar e confiar.

Pat Murphy abriria outra empresa se pudesse achar uma boa equipe tanto interna quanto externa. Ele aprendeu que não se pode fazer tudo sozinho.

## 7. Tenha uma Equipe dentro da Empresa

"Duas cabeças pensam melhor que uma", diz um velho ditado. Entretanto, muitos empresários acreditam poder confiar em seus gerentes e funcionários. De fato, vários deles, incluindo Billie Redmond, Jeff Russell, Jim Annis, Lester Scaff e muitos outros, construíram suas empresas com funcionários confiáveis.

Billie Redmond descobriu, conversando com seus funcionários (o que de início relutou em fazer), as soluções para os problemas da empresa, a partir de sugestões feitas por eles.

Também Pat Murphy aprendeu da forma mais difícil que não conseguia fazer tudo sozinho. Quando o serviço feito não atendia a seus padrões, ele preferia fazer o trabalho sozinho, em vez de treinar e supervisionar o serviço dos funcionários, caindo no que chamou de "curva de autoprodução". Isso quer dizer que, quando se vende, não se produz e, quando se produz, falta tempo para vender. Ou seja, assim que se entrega um serviço ou mercadoria, não se tem receita até conseguir vender o próximo serviço ou produção.

O sócio de Kitty Ariza sumiu no primeiro mês de funcionamento da empresa e ela também tentou fazer tudo sozinha. Suas metas eram diferentes das de Pat Murphy: ela queria ter crédito em seu nome. Quando conseguiu esse objetivo e seu negócio prosperou, ela ainda estava sozinha. Como, para o marido, ela estava perdendo tempo demais nisso, ela descobriu outra maneira de ter lucro inventando um produto. Fechou a empresa lucrativa e abriu outra em que pudesse fazer tudo sozinha. É difícil manter sozinho uma empresa lucrativa e em ascensão.

Outra empresária aprendeu a confiar no conselho de diretoria que a ajudou a fazer de sua empresa uma "verdadeira empresa". Ela confia na experiência deles.

Muitas sociedades têm uma composição de equipe. As melhores são aquelas em que cada sócio acrescenta uma energia diferente à empresa. Todos devem contribuir com a sociedade, seja em forma de capital ou de crédito. São melhores as chances de sucesso quando todas essas diferentes energias estão atuando.

Uma empresa não tinha muitas chances de sucesso antes de um diretor-executivo se juntar à equipe. Para conseguir investimentos, esse diretor trouxe outro sócio experiente que já havia levantado capital de risco e tido um negócio de sucesso. Sem esses companheiros de equipe, os dois inventores do produto não teriam visto seu negócio tornar-se realidade.

Outra industrial fez questão de dar treinamento a seus funcionários. Ela reconheceu há muito que não conseguia fazer tudo sozinha. Seu marido complementa suas habilidades. Ela formou e treinou uma equipe de gerentes para cuidar do crescimento da empresa.

A maioria dos empresários encontra pessoas positivas que sugerem melhorias, soluções para os problemas que aparecem e para dispensar os maus funcionários.

## 8. Faça uma Lista

É comum ver a real situação quando se põe por escrito. Quando o banco informou a Ron Dentjen que fechasse imediatamente suas contas, ele ficou chocado. Depois que a emoção do momento passou, pôs no papel as decisões que precisava tomar e o prazo: isso o ajudou a superar a crise.

Como disse o dono de uma empresa em que a contadora roubava, descobrir que está sendo roubado é um fato chocante. Foi necessário fazer uma lista para notar exatamente o quanto foi roubado e qual a verdadeira situação das contas a pagar e a receber. Assim que isso foi feito, traçou-se o plano de ação e o empresário pôde lidar com a situação.

As listas ajudam bastante, pois, ao colocar os pensamentos no papel, é possível ver que as coisas não são tão ruins quanto parecem.

## 9. Escreva um Diário

Pôr no papel as emoções, os sentimentos e acontecimentos diários é de grande ajuda. Talvez nunca mais venha a ler o que escreveu. Alguns empresários leram seus diários meses ou anos depois. Quando o fizeram pela segunda ou terceira vez, perceberam que boa parte do medo, da incerteza e da ansiedade vinha do desconhecido. Assim que as ideias se aclararam, estavam preparados para enfrentar os problemas. E ler o diário tempos depois colocou em perspectiva o que acontecera. Se passar pela mesma situação outra vez, saberá o que fazer.

Muitos empresários, há décadas no mercado, gostam de escrever relatórios sobre o que ocorreu no passado que podem ter a forma de simples atas de reunião. Eles releem esses relatórios quando precisam de ideias para resolver os desafios que estão enfrentando.

## 10. Siga seu Instinto

Em geral, seu instinto tem sempre razão. Se realmente escutar sua intuição, é provável que ela esteja dizendo a verdade, mesmo que não queira ouvir. Quando montei minha empresa, todos à minha volta, salvo raras exceções, torciam para que ela fosse aberta em escala bem menor. Temiam por seus empregos e queriam continuar gastando até o dinheiro acabar. O que conta são as receitas, e minha intuição dizia isso. Assim, apesar das objeções de vários, abrimos a empresa.

Monica Y. Brown ouviu sua intuição quando seu "financiador" não pagou as primeiras duplicatas. Imediatamente deixou de trabalhar com ele e deve ter economizado milhares de dólares.

Jeff Russell mudou de estado intuitivamente. Apesar de não conhecer ninguém no novo endereço, abriu uma empresa seguindo sua intuição. O negócio prosperou e deu lucro.

Larry Duckworth aprendeu da forma mais difícil que deveria dar ouvidos à sua intuição e não à sua equipe. Se a tivesse ouvido e visitado o cliente assim que surgiram problemas, talvez não tivesse de competir com as gigantes do ramo por sua sobrevivência.

Outros empresários ignoraram o bom senso quando queriam um resultado específico: um queria ser herói; o outro deixou a ambição prevalecer sobre o bom senso.

Se todos à sua volta lhe dizem algo que você insiste em ignorar, descubra por que faz isso. As emoções estão se sobrepondo ao seu bom senso?

## 11. Tome Decisões Difíceis

Às vezes, quando surgem problemas, sabemos que devemos deixar de fazer negócios como vínhamos fazendo. É preciso tomar decisões difíceis para que a empresa sobreviva. Primeiro, supere a emoção. Em seguida, quando voltar a pensar racionalmente, é hora de tomar as decisões difíceis.

Victoria Kamm despediu 150 funcionários no dia seguinte ao anúncio de que o governo não tinha fundos para pôr em vigor as leis de monitoramento do fluido refrigerante. Ela sabia que não poderia mais conduzir o negócio como vinha fazendo. Era uma decisão difícil, dolorosa, mas necessária para a sobrevivência da empresa.

Loretta Elbel teve de decidir a quais clientes dar prioridade de recebimento do produto. Ela arriscou ter pedidos cancelados e clientes irados. Entretanto, foi franca e deu datas de entrega realistas a todos.

Christopher Pollock sabia o que deveria ser feito: reuniu sua equipe e imediatamente começou a tomar decisões difíceis.

É complicado tomar decisões difíceis, mas elas são fundamentais para a sobrevivência da empresa.

## 12. Encontre um Modo Espiritual para Lidar com o Medo

Quase todos os empresários que entrevistei confessaram ter uma fé profunda. Quando confrontados com as crises, passaram a rezar ou meditar bastante. Não importa o tipo de religião nem a localização geográfica do empresário.

David Moscowitz tornou-se bastante religioso durante uma das crises mais difíceis pela qual passou, o que lhe deu força para continuar.

Rochele Hirsch descobriu um consultor que a ajudou durante a crise. Ela percebeu por que sabotava seus esforços. Assim que superou os problemas, sua empresa começou a florescer.

Rich Schmidt é pastor batista. Recebeu um "toque de Deus" para abrir uma nova igreja. Ele manteve a mensagem e a fé enquanto fincava raízes em uma nova comunidade, mesmo sem saber se a igreja daria certo.

Lamar Lawrence disse que os desafios que enfrentou foram um grande teste de fé e provavelmente o tornaram mais forte. Ele aprendeu muito sobre si mesmo e fortaleceu sua fé em Deus.

E Siney Jordan? Ela é categórica ao afirmar que foi sua fé em Deus que a ajudou. Às vezes, ela e seu marido queriam desistir. Eles rezaram e perguntaram a Deus por que Ele estava fazendo-os passar por essa provação para comprar o prédio. A mensagem recebida foi que continuassem adiante, o que fizeram, sendo bem-sucedidos.

Outros apelaram a mentores espirituais, orações diárias ou meditações para superar a crise. Embora alguns deles já tenham deixado para trás os dias difíceis, eles continuam a meditar e rezar.

Todos procuravam respostas para superar as crises. Para a maioria, a solução foi apelar a um poder maior para guiá-los.

## 13. Um Anjo Pode Aparecer

Quando faltavam seis semanas para um empresário fechar as portas, um anjo apareceu na forma de um investidor que colocou 500.000 dólares na empresa, salvando-a da falência. O anjo se tornou diretor-executivo e facilitou a entrada de mais fundos na empresa de tecnologia.

O anjo de Bob Breaux apareceu sob forma diferente. Quando abriu seu segundo negócio, seu contador externo entrou como sócio, o que permitiu que conseguisse um empréstimo bancário.

Ao investir mais na empresa, Bob queria alterar a porcentagem de cada sócio. O contador concordou e reduziu sua parte para 20%. No momento de distribuir as ações, o contador pediu a Bob que as dividisse em dois certificados de 10% cada um. Quando lhe foram entregues, ele as transferiu para os dois filhos de Bob.

O anjo de Gary Markle foi o governo, ao obrigar os bancos a comprar o tipo de *software* produzido por sua empresa, o que a salvou da bancarrota.

O anjo de Tom Kemper é um amigo que empresta sua propriedade no campo quando ele precisa de uma folga.

Nunca se sabe quando um encontro ou telefonema casual farão surgir a ideia de que precisa para superar a crise.

## 14. Cerque-se de Positividade

Muitas e muitas vezes, os empresários me confessaram que procuraram pessoas e coisas positivas na vida. Muitos deles passaram a escutar CDs motivacionais e de estímulo todos os dias. "Há tanta negatividade no mundo que é preciso ouvir palavras de estímulo diariamente." Tom

Hopkins (autor de *Como Ser um Grande Vendedor*) e Jim Rohn, filósofo empresarial de renome internacional, foram mencionados mais de uma vez.

Um dos empresários tinha um instrutor que, a cada duas semanas, fazia um CD com textos inspiradores que ele escuta no carro para se manter na trilha.

As ideias, os acontecimentos e pessoas negativas podem arrastá-lo com eles. Pauline Cormier aprendeu desde cedo a trocar ideias com pessoas positivas que a estimulam em seu trabalho.

Christine Kloser viveu o yin e o yang da vida até conseguir fazer a *New Entrepreneurs Inc.* ir para a frente. O negativo foi tudo o que aconteceu com a academia de ioga. O positivo foi o grupo que criou para ajudar as mulheres de forma criativa. Seu comentário: "Cerque-se de pessoas que tenham uma atitude positiva. É sua responsabilidade ir atrás de gente que pense como você, que o coloque para cima e acredite em seu potencial. A maior parte das pessoas vive com medo, dúvidas e preocupações. Não fique perto de gente assim".

## 15. Seja Paciente

Dê um tempo a você mesmo. Nós, empresários, queremos logo acabar com as crises. A paciência, em geral, não é um dos nossos pontos fortes. Entretanto, o tempo dá a perspectiva exata da situação, fazendo com que analise os fatos ocorridos, as lições aprendidas e a maneira como irá lidar com situações similares no futuro.

A necessidade de tempo e paciência não significa muito quando se está no meio do pesadelo, do medo e da incerteza. Não ajuda quando alguém em quem confiamos nos trai. O segredo é aprender com o fato.

No futuro, situação semelhante não parecerá tão ruim, porque está lidando com ela de maneira lógica e não emocional. Nem vai esquecê-la, como disse um empresário: "Embora dez anos tenham se passado, ainda fico furioso quando penso na situação. Depois, prevalece a razão, que me dá a certeza de que 'aqui se faz, aqui se paga', e eles passarão por tempos difíceis em algum momento da vida".

Quando meu marido leu minha história, comentou: "Esperava mais amargura". Talvez um ano antes isso acontecesse, mas o tempo nos dá perspectiva. Aprendemos a lição e seguimos adiante.

Todos os empresários passam por desafios e pesadelos. Passam pelo medo do desconhecido até este tornar-se conhecido. Depois, da escuridão faz-se a luz. Às vezes, a escuridão dura alguns minutos, outras vezes, anos. Tenha fé de que chegará à luz.

# capítulo 4

# Sócios: a Dura Realidade

Uma sociedade é um casamento empresarial. Faça questão de saber com quem está se deitando.

Em uma sociedade, antes de mais nada, é preciso saber como seus sócios reagem a pressões. Como enfrentarão os inevitáveis apertos de caixa? Como reagirão quando for iminente a falta de dinheiro?

Segundo Gary Markle, é condição indispensável conhecer a personalidade dos sócios. Ter trabalhado com eles em grandes empresas não é segurança de que vocês se darão bem em um pequeno negócio. Uma das razões pelas quais sua segunda empresa não deu certo foi a incompatibilidade entre os sócios. Agora, Gary ensina e dá consultoria para quem quer conhecer e entender a personalidade de possíveis sócios.

É preciso saber onde está se metendo antes de se comprometer para valer. A reação de uma pessoa sob o estresse de não receber o salário pode ser totalmente diferente da de costume.

Se não conhece a pessoa, pesquise sobre ela antes de mais nada, mesmo que um amigo a tenha apresentado. Investigue seus antecedentes, pesquise as empresas em que atuou nos últimos anos. Os grandes vendedores, em geral, gostam de se vangloriar de suas habilidades de venda.

É preciso discutir tudo o que pode acontecer. Segundo Ron Detjen, é preciso ter um plano de negócios.

Se o objetivo é vender dez produtos por mês para ter lucro, o que acontece se apenas nove forem vendidos? Nada de lucro. E se isso se prorrogar por vários meses? Quando se deve desistir? E sair? Todas essas questões devem ser discutidas antes de começar a sociedade.

Se está investindo no negócio, seus sócios devem fazer o mesmo. Todos precisam ter um compromisso financeiro de alguma espécie. Dar uma garantia é uma alternativa aceitável na falta de dinheiro. Aprendi essa lição da maneira mais difícil. Se seu sócio não está disposto a dar uma garantia para tomar um empréstimo bancário, ele não é seu sócio, diga o que disser. Como não assumiu nenhum risco, tomará decisões que, em geral, não são no melhor interesse da empresa, mas de si próprio. Ele estará mais disposto a aumentar o contingente de funcionários porque não é o dinheiro dele que está na berlinda. Vocês entrarão em conflito quando o caixa ficar apertado e faltar dinheiro para pagar a folha e/ou as dívidas.

O que acontece quando é preciso investir mais na empresa? Lamar Alexander aprendeu essa lição de um sócio inteligente. Quando não tinham dinheiro para pagar o aluguel de uma empresa porque haviam montado outra que estava tendo prejuízo, seu sócio foi curto e grosso: não iria pôr mais lenha na fogueira. Não ia jogar dinheiro fora. Tinham de resolver a situação com o caixa disponível. E descobriram como. Seu sócio, embora ciente de que tinha condições de investir mais no negócio, não estava disposto a isso até encontrar uma maneira de fazer a empresa dar lucro. O contrário aconteceu com os sócios de Frank Schimicci, que jogaram dinheiro fora quando a empresa estava tendo prejuízo, pois acreditavam em Frank e que poderiam reverter a situação.

## Como o Cônjuge se Comportará nas Crises?

Se seus sócios são casados, é preciso saber se os cônjuges irão apoiar a empresa durante os bons e os maus momentos. Não importa se a empresa foi recém-aberta ou está há muitos anos no mercado. É preciso ter o apoio da família. Há estresse suficiente no mercado empresarial, não há necessidade de estendê-lo ao lar. Se o cônjuge de um sócio quer proventos regulares, o que acontece quando não recebe durante uma semana ou várias? Quanto estresse adicional será levado à sociedade? O sócio sairá porque seu cônjuge está pressionando por proventos regulares?

Se for casado, é bom saber como seu cônjuge irá se comportar quando as coisas ficarem difíceis. E também se poderá contar com seu apoio nas crises. Com frequência, só se fica sabendo disso quando elas acontecem. A ex-mulher de Tom Kemper não conseguia mais viver "à beira do abismo", mas nunca contou isso ao marido. Um belo dia, Tom chegou em casa e ela tinha ido embora.

Outro empresário pôs mais fé no seu trabalho do que no casamento, o qual sacrificou pela empresa. Foi sua opção e ele assume as consequências de suas ações. Na opinião dele, suas contribuições à sociedade por meio da empresa são mais importantes que seu casamento.

Um terceiro empresário, que trabalhava com a mulher, percebeu, após dez anos de empresa, que não conseguiam trabalhar juntos. Então, deixaram de ser sócios. Ela está tocando o negócio e ele abriu outro. Ainda estão casados e felizes.

Uma das empresárias teve o apoio do marido em duas de três crises importantes. Agora, porém, seu apoio é morno, pois, segundo ele, a mulher gastou muito dinheiro. O casal tem de economizar para a educação dos filhos e, na opinião dele, ela não devia mais investir na empresa. Ela deseja seu apoio contínuo, mas não recebe a mesma convicção e suporte do marido.

Quando o pesadelo me atingiu, o apoio de meu marido foi fundamental. Ele me encorajou e, durante semanas, ficou repetindo que eu devia manter a empresa em funcionamento. Nessa altura, ele tinha mais confiança em mim do que eu mesma. Tive sorte de ter alguém para me dar apoio, que acreditava em mim e era mais forte que eu.

Outros encontraram situações semelhantes. Eles puderam contar com o apoio dos cônjuges quando enfrentaram seus desafios. Um casal de empresários costuma caminhar todas as noites, o que foi de muita ajuda quando o mercado parou de comprar e um de seus maiores clientes deixou de fazer encomendas durante dezoito meses. Essas caminhadas noturnas estimularam o casal a discutir sentimentos e medos, além de gerar ideias para lidar com os problemas.

O marido de Donna Fox é sua prancha de apoio. Ela costuma guardar as emoções até que uma hora explode e, geralmente, é com o marido. Ele entende que não é o alvo de sua explosão, mas essa é a maneira que a mulher encontrou para eliminar a tensão. E ela faz isso com quem confia.

Se você tem o apoio do cônjuge, é muito mais fácil superar as crises, pois encontra estímulo nos dias difíceis e não mais estresse.

Antes de montar uma empresa com um sócio, faça questão de conhecê-lo bem. Discuta também as respostas às questões hipotéticas mencionadas acima, pois passamos muito mais tempo com o sócio do que com o cônjuge.

capítulo 5

# Os 7 Grandes Mitos sobre o Funcionamento de uma Empresa

Como resultado da pesquisa e das histórias que os empresários graciosamente me contaram, descobri sete mitos sobre como operar uma empresa que, rapidamente, podem colocá-lo em apuros. Evitar esses mitos não o manterá livre dos problemas, mas você pode aprender com os erros alheios.

## Mito 1 – O Produto É tão Bom que se Vende Sozinho

Um dos erros cometidos: gastar muito tempo com o *design* do produto, o local de armazenamento e com os serviços oferecidos aos clientes. Abrem-se as portas e anuncia-se ao mundo: "Aqui estou, comprem-me". Você espera e vende muito pouco. Ou superestima o espaço necessário e os custos tornam-se proibitivos.

Você pode ter um produto, produção e reservas de caixa excelentes. Porém, se as vendas e o *marketing* não forem igualmente excelentes, de nada adiantará. Nenhum produto se vende sozinho.

É preciso promover os produtos e serviços constantemente. Todos podem vender: da telefonista ao presidente da empresa, ou seja, você. Se você – o dono, diretor-executivo ou presidente – pensar: "Não sou vendedor", está enganado. Seu serviço de vendas é o mais importante de todos, pois precisa convencer os clientes e os funcionários de sua empresa de que seus produtos são excelentes.

O melhor vendedor de seus produtos e serviços é você mesmo, o empresário. Julia Barredo Willhite diz que não deveria ter contratado uma agência de publicidade para promover sua empresa, pois já havia trabalhado em uma e sabia o que deveria fazer.

Frequentemente, você é chamado para ajudar com uma venda difícil. A maioria das pessoas fica impressionada vendo o dono da empresa gastando seu tempo interessado na venda e no cliente. Quanto maior a companhia e mais alto o cargo, mais essenciais são as habilidades de venda do empresário. É comum você, como proprietário, telefonar ao presidente da empresa cliente potencial ou encontrar com ele em uma associação comercial, ou outro local fora do escritório, para fechar um negócio. Os detalhes são deixados aos funcionários de menor escalão. A mensagem deixada a eles é "concluam o negócio".

Nenhum produto se vende sozinho: a atenção e o cuidado constantes aos clientes atuais e futuros são fundamentais para o sucesso da sua empresa.

## Mito 2 – Abra uma Empresa para Ficar Rico mais Depressa

Alguns dos empresários cujas histórias foram contadas aqui deixaram empregos bem remunerados para abrir seu próprio negócio. Esperavam o mesmo nível de sucesso e de rendimentos logo de cara. Foram despertados dessa ilusão abruptamente. Outros não conseguiram se ajustar ao novo nível de vida e acabaram pedindo falência antes de aprender a viver com menos.

Outros, ainda, tinham cônjuges que esperavam o mesmo nível de renda quando montaram a empresa. Isso nunca aconteceu. Em consequência, as relações entre o casal estremeceram. Os empresários nunca desistem da crença de que estão certos, mesmo quando o caixa está apertado. Essa fé em si mesmos os leva adiante... às vezes em detrimento de seu casamento.

Nenhum deles montou uma empresa com a intenção de ficar rico. Todos queriam provar alguma coisa, fosse para si mesmos ou para outros. Alguns tinham uma missão e queriam fazer algo importante, como David Moscowitz e Tom Kemper. De fato, eles estariam ricos se tivessem permanecido no "mundo corporativo". Sua personalidade e inquietação não os permitem continuar no mundo das grandes empresas. Ou saem ou são demitidos, pois não conseguem mais se "ajustar".

Alguns empresários, como Billie Redmond, sabiam que eram pioneiros. E que tinham de trabalhar muito para chegar aonde queriam. Uns conseguiram crescer bastante, enquanto outros decidiram permanecer pequenos. Todos sabiam que, ao resolver ser empresários, iam demorar para ficar ricos, isso se conseguissem.

## Mito 3 – A Sociedade Perfeita: Eu Tenho a Ideia, e o Banco, o Dinheiro

Os bancos querem emprestar dinheiro quando não precisamos. O gerente do banco de Steve Saunders disse em diversas ocasiões que aumentaria a linha de crédito para sua empresa... até o dia em que Steve realmente precisou dela.

Para conseguir dinheiro para começar um negócio, podemos recorrer à família, a amigos e aos tolos. A menos que tenhamos boas garantias, os bancos não estão dispostos a emprestar.

Além disso, os capitalistas de risco e outros que emprestam dinheiro (que não amigos e família) querem ver clientes. Também querem saber de onde vem a receita e se sua ideia não é apenas uma ideia, mas também um produto ou serviço pelos quais as pessoas estão dispostas a pagar.

Um empresário aprendeu essa lição. Ele ajudou dois engenheiros de *software* que montaram um negócio na garagem de casa. Os investidores deram todas as cartas. Inicialmente, era um produto legal sem clientes. Deveria dar certo, mas deu? Os investidores se arriscavam com uma tecnologia não testada. Tinham o dinheiro de que os engenheiros precisavam para continuar. Da parte dos engenheiros, eles estavam entre "a cruz e a caldeirinha" e não tinham opção a não ser aceitar os termos dos capitalistas caso quisessem manter a empresa e seu sonho vivos.

As ideias não contam no mundo real. Os clientes sim.

## Mito 4 – Vou Dar um Desconto ao Cliente e Compensar na Próxima Venda

Muitas vezes, pensamos que podemos convencer um cliente a comprar nosso produto dando descontos e, na próxima compra dele, cobrar o preço cheio. Infelizmente, na próxima vez que o cliente comprar, ele esperará pagar o mesmo preço pago anteriormente. Para ele, o preço com desconto é o preço normal, e você fica amarrado aos descontos. É improvável que consiga compensar a diferença na venda seguinte.

Se deseja ter diversos níveis de preço, é preciso estabelecê-los assim que começar a promover seus produtos ou serviços. Se quiser dar um desconto, é bom ter uma razão para isso. O cliente deve dar algo em troca.

Pat Murphy, dono de uma empresa de aquecimento e ar-condicionado, vendeu contratos de serviço. Se o cliente assinasse um contrato concordando com a verificação anual de seu sistema, Pat dava um abatimento.

É possível dar descontos por volume. Karen Price sempre dá esse tipo de desconto porque pode comprar a preços mais baixos quando os clientes fazem grandes encomendas de materiais impressos.

Uma empresária sentiu no bolso que o barato sai caro. Se um cliente queria seus serviços, mas dizia não poder pagar, ela fazia seminários e palestras de graça, esperando que ele pagasse da próxima vez. Não havia próxima vez, pois o cliente não voltava. Ela aprendeu que trabalhar de graça não tem valor.

Saiba por que está dando desconto. Faça abatimentos por uma razão específica, pois não vai conseguir compensar na próxima venda.

## Mito 5 – Se a Concorrência Pode Vender por esse Preço, eu também Posso

Talvez. É preciso ter os custos na ponta do lápis. A concorrência determinou uma política mais eficiente de custos para vender o que você vende. Provavelmente, tem mão de obra mais barata, fornecedores com preços melhores ou custos mais baixos de venda. Se você resolver abaixar os preços para equiparar-se à concorrência, certamente vai ter um aperto de caixa e sair do mercado.

Os custos fixos também podem matar uma empresa. Um empresário anônimo via as grandes lojas dos concorrentes e achou que tivesse de aumentar o tamanho das suas para enfrentá-los. Descobriu que os custos fixos adicionais eram muito altos e os problemas de fluxo de caixa, maiores.

Não veja o que a concorrência está fazendo em termos de preço. Se seu preço for mais alto, descubra o valor adicional que fará com que o cliente queira pagar mais. Venda esse valor a ele.

Isso é o que Larry Duckworth faz o tempo inteiro. Ele descobre o valor intrínseco das empresas que administra. A empresa de *software* de aprendizado concorre de igual para igual com outros serviços semelhantes. E usa alguns programas educacionais que outros também podem vender. Entretanto, são os serviços adicionais fornecidos aos clientes que fazem a diferença. A maneira notável com que atendem o cliente e suas necessidades é fundamental ao sucesso da empresa.

Sempre fique de olho na concorrência. É o que Lester Scaff faz com regularidade. Visita a loja dos concorrentes para observar as tendências, os preços e produtos que ele também poderá oferecer.

Entretanto, antes de alterar preços ou dar descontos, descubra como a concorrência faz isso. Analise seus custos e veja se pode abaixar os preços e acrescentar valor. Simplesmente supor que é possível equiparar seus preços aos da concorrência poderá tirá-lo do mercado.

## Mito 6 – Meus Funcionários São meus Amigos

Seus funcionários não são seus amigos, mas pessoas pagas para executar uma tarefa específica. Seus sócios também não são seus amigos. Quando se abre uma empresa com amigos, é comum a amizade acabar, pois nunca se sabe como estes irão reagir nas situações de estresse.

É o que Gary Markle sempre fala. Uma das empresas que abriu com amigos não decolou porque eles reagiram de maneiras bem diferentes ao aperto do fluxo de caixa.

É preciso saber separar a amizade da cordialidade porque, atualmente, as pessoas fazem do local de trabalho um lugar para ter relacionamentos pessoais. Isso dificulta a distinção da linha divisória entre amizade e cordialidade.

É preciso também ser imparcial. Se costuma almoçar ou jantar frequentemente com seus subordinados, não o faça sempre com os mesmos. Procure convidar um funcionário diferente a cada vez. Isso mostra que é uma pessoa justa e não está favorecendo ninguém.

Discipline com justiça. Se um funcionário fez algo errado, não deve deixá-lo escapar e outros não. Se fizer isso com um amigo, real ou visto como tal, então desmoralizará os outros funcionários. A mesma regra deve valer para todos. Se alguém não estiver seguindo as regras, deve arcar com as consequências como todos.

Se um funcionário está com problemas conjugais, financeiros ou pessoais, não comente com ninguém. Entretanto, é preciso saber o que está acontecendo com ele e como essa situação pode afetar seu desempenho. Apesar dos problemas, ainda tem um emprego... e precisa ser lembrado disso.

Assim, seja cordial com seus empregados, mas não amigo. É preciso interagir socialmente, mas monitore essas interações e procure não ter funcionários favoritos.

## Mito 7 – Vou Ter mais Tempo Livre e não Terei de Prestar Contas a ninguém

Todos os empresários entrevistados aqui trabalham muito mais do que se fossem empregados de uma empresa. É verdade que há mais liberdade para esquematizar o tempo. Se precisar sair durante o dia, normalmente é possível. Contudo, é provável que passe mais tempo trabalhando para compensar o tempo perdido naquela saída.

É preciso prestar contas a todo o mundo: funcionários, clientes, banco, corretor de seguros e a todos que querem lhe vender algo ou a quem você quer vender algo. Todos querem um pouco do seu tempo.

Sim, a decisão final é sua. Mas, se quiser que a empresa cresça, é preciso aprender a delegar algumas decisões e acompanhar seu andamento. Não há necessidade de delegar se sua empresa permanecer pequena e você no controle. Pequenas empresas dependem totalmente dos esforços de seus proprietários. Se acontecer alguma coisa com eles, a probabilidade é de que a empresa não sobreviva. É preciso fazer a escolha certa para sua empresa e para você mesmo.

A pior coisa para alguns dos empresários entrevistados era abandonar o controle. Vários tentaram e descobriram que o trabalho executado por seus funcionários deixava a desejar. Assim, eles mesmos resolveram pôr a mão na massa. Alguns, como Loretta Elbel, desistiram porque não queriam mais trabalhar tanto. Outros enxugaram a empresa para continuar no controle e ter uma vida familiar.

Se acredita tanto no que faz a ponto de o trabalho ser mais importante que a família, poderá sofrer as consequências do divórcio ou de filhos com problemas emocionais. Muitos empresários passaram por isso.

Uma das perguntas que me foram feitas quando estava me associando a um grupo empresarial foi a minha carga horária de trabalho. Disse-lhes que não considero o que faço um trabalho. Amo o que faço e adoro trabalhar, como a maioria dos empresários... mesmo nas épocas mais difíceis.

É fundamental encontrar uma maneira de equilibrar a vida familiar. Muitos, até eu mesma, criaram os filhos no trabalho. Minha filha sabia reconhecer o carteiro e o rapaz do malote antes de aprender a falar. Com duas semanas de vida, ela passou a ir comigo ao escritório. Aos dez anos de idade, quando meu sócio resolveu procurar um emprego seguro, ela me disse: "Será que ele não sabe que não há nada seguro no mundo?". Fiquei surpresa com essa afirmação na época. Contudo, notei que ela aprendia mais sobre a vida do que qualquer escola pudesse ensinar.

As crianças de empresários tornam-se grandes empresários, casam-se com empresários ou nem querem saber de ter uma empresa. Muitos, como a filha de um industrial, têm filhos que fundaram grandes empresas. Outros casaram com empresários e sabem o que esperar. Podem não estar envolvidos com o negócio em si, mas dão muito apoio e sabem entender. Outros, ainda, têm filhos que não querem saber de ser empresários porque viram seus pais sofrerem e trabalharem demais (de acordo com seu ponto de vista).

Não há mais tempo livre quando se é empresário; porém, há mais capacidade de organizar a agenda. A maioria dos empresários entrevistados disse que, como fazem algo que amam e em que acreditam, estão dispostos a trabalhar mais tempo para atingir seu objetivo. O amor e a crença no que se faz ajudam a manter a fé e a superar os tempos difíceis.

capítulo 6

# Palavras de Sabedoria

Os entrevistados deixaram muitas palavras de sabedoria a atuais empreendedores. Elas vieram do fundo do coração na esperança de poder ajudar outras pessoas.

- A crença em si mesmo – e no porquê está fazendo o que faz – o ajudará a superar os problemas.
- É possível conseguir o que se quer com perseverança.
- Quem manda é a lei de Murphy. Planeje o inesperado, pois é isso o que vai acontecer. Se não ficar chateado com essa situação e continuar adiante, os problemas se resolverão. Você vencerá. Mas não pense que será fácil nem milagroso.
- Reaja às situações à medida que elas surgem, mesmo que seja difícil.
- Durante as crises, pergunte-se: "O que posso fazer hoje?". E faça. Em geral, não se pode resolver o problema de uma vez. Cada dia, um pouco.
- Escute sua intuição.
- É preciso planejamento do começo ao fim. Não significa que vai acontecer exatamente daquele jeito, mas não vai ficar ziguezagueando por aí. Um plano é um documento vivo e, embora mude de acordo com as circunstâncias, ele o manterá na direção de seus objetivos.
- Não se estresse. Ataque o problema. Analise a lógica da situação e faça o que for preciso.

- Sempre pense em melhorar a empresa e cortar custos.
- Quando as coisas vão bem, procure não pensar nisso. Se pensar, pode começar a fazer coisas idiotas, como aumentar os custos com desenvolvimento ou tentar fazer algo que não sabe.
- Não peça aos funcionários para fazer algo que você mesmo não esteja preparado para fazer.
- O mundo não é branco e preto. É de matizes de cinza. Vai-se ajustando com o crescimento e o amadurecimento. Assim que perceber isso, aprenderá a ajustar o pensamento às expectativas. É preciso ter expectativas realistas. Os investidores o obrigarão a isso, o que pode ser difícil. Você mantém o otimismo, mas precisa rever rapidamente a realidade sobre o controle e a gestão da sua empresa e se ficará rico um dia.
- Observe a concorrência. É preciso ficar de olho no que estão fazendo.
- Considere uma dádiva ter lucro no primeiro ou no segundo ano da empresa.
- O trabalho pioneiro é difícil. Se acreditar em seus produtos e se estes forem necessários, é preciso vendê-los, convencendo o mercado de seus benefícios. Fazer um trabalho missionário é complicado quando precisamos pôr comida na mesa.
- Você tem muita sorte em fazer algo que ama, pois a maioria odeia seu trabalho.
- Deus ajuda a quem tem fé e confiança n'Ele. Se você faz o que Deus deseja, as coisas dão certo. Nada como passar por uma experiência que o convença disso.
- Só porque fracassou em algo não significa que seja um fracasso como ser humano. O fracasso pode guiá-lo em direção a algo melhor e ser uma experiência de aprendizado. Pode até mesmo ser uma bênção.
- Seu comportamento e atitude certamente indicam como a sua empresa funciona no dia a dia em bases emocionais. É prejudicial à empresa se você tiver uma atitude mental negativa.
- O "negócio do século" surge a cada dois meses.
- Os bens mais importantes de uma empresa são seus funcionários. É preciso que os funcionários certos estejam nos lugares certos.
- Se quiser liderar pessoas em uma jornada difícil e ser brutalmente honesto sobre os riscos e as recompensas, quase ninguém irá segui-lo.
- Nunca permita que um só cliente represente mais de 25% de seus negócios.
- Mantenha o senso de humor.

- Os vencedores são aqueles que passam pelas dificuldades, deixam-nas para trás e seguem em frente.
- Quando se é empresário, é impossível abdicar da responsabilidade total. Não se pode abdicar do talão de cheques.
- É possível superar dificuldades com um grande produto e capacidade de vendas. É preciso vender a solução de problemas e mostrar aos clientes que você pode economizar o tempo e o dinheiro deles.
- As boas notícias nem sempre são tão boas quanto parecem, nem as más são tão ruins.
- Faça alguma coisa que tenha impacto e pela qual tenha paixão. Construa algo.
- Cerque-se de pessoas que tenham uma atitude positiva. É responsabilidade sua ir atrás de gente que pense como você, que o coloque para cima e acredite em seu potencial. A maior parte das pessoas vive com medo, dúvidas e preocupações. Passe mais tempo com gente que vive com potencial, fé, abundância e amor.
- É preciso concentrar-se no sucesso. Tanto coisas boas quanto más acontecem. Mantenha o foco e lembre-se de por que faz o que faz.
- Quando tiver sucesso, é sua responsabilidade devolver um pouco. Redistribua a riqueza pelo bem da humanidade.